神と近代日本《ゴッド》

―― キリスト教の受容と変容 ――

塩野和夫
今井尚生　編

九州大学出版会

はじめに

塩野和夫

日本の近代化が、欧米文明を受容することによって成立した歴史的事実は、よく知られている通りである。あの時日本は、熱心に、迅速に、しかも幅広い分野にわたって欧米文明を受容した。それが大胆であり、しかも異質な文化圏からの文化受容であったために、日本の社会に近世日本からの非連続的な断絶を伴う変容を生じさせた。日本の近代化は、社会の各層における根本的な変容をその内容とする。

私たちは、近代日本における多層的で根本的な日本社会の変容において、あの文化受容がキリスト教文化圏である欧米社会に対して、日本が多神教的社会であった事実に注目した。その上で、検討対象をキリスト教に狭く限定するのではなく、文学、芸術、自然科学など、多様な分野における欧米文明の受容を研究対象とした。

*

欧米文明の受容における日本社会の宗教的異質性への注目や多様な分野に及ぶ分析という方法は、ヴェーバー（Weber, Max 1864-1920）に始まるキリスト教文化圏における宗教社会学の研究から影響を受けている。なかでも、ティリッヒ（Tillich, Paul 1886-1965）が、文化の神学において定式化した宗教と文化の関係に関する見解から、本書の構成において強い示唆を受けた。

ティリッヒによると、宗教と文化は次のように定式化される。[1]

Religion is the substance of culture, culture is the expression of religion.
（宗教は文化の根源であり、文化は宗教の表現である。）

ティリッヒにしたがって宗教と文化が相互に密着したものであるとすれば、宗教の分析は文化と関わり、文化の分析は宗教と関わるはずである。さらに、日本がその近代化において受容した欧米文明が、多岐にわたったという歴史的事実がある。これらから、日本がその近代化において欧米文明から受容した文化を多様に検討する意味が生じ、その可能性が考えられる。

＊

本書は、欧米キリスト教文化の受容を多様な分野において検討することによって、近代日本の内実を重層的に解き明かすことを目的とした。この試みがどの程度成功したのかについては、読者の判断を待たなければならない。ただ、この研究を続け、本書を作成する中で、編集者として気づいたいくつかの問題点がある。

一つは、ティリッヒの宗教と文化に関する定式の限界である。たとえば、キリスト教文化圏や儒教文化圏など、すでに宗教と文化の関わりが成立している文化圏においては、ティリッヒの定式は高い妥当性を持つと思われる。しかし、近代日本の場合のように、異なる文化圏から文化を受容している渦中にあっては、事情は異なるのではないか。このような言い方が許されるとすれば、文化的過渡期にあってはティリッヒの定式に対して状況に応じた修正や必要な限定を設ける必要があるのではないか。

第二に、キリスト教文化圏からの文化受容に対する日本側の態度に関する際立った特色である。あの時日本は、熱心に欧米文明を受容した。けれども、そこには強い意図に基づく制限があった。欧米文明の受容を文明文化の層に限定しようとする強い意図である。ティリッヒの定式に即していうならば、日本は「表現である文化」を「根源である宗教」から切り離して受容しようと試みた。キリスト教文化圏に対するこのような対応は、実は豊臣秀吉の伴天連追放令から始まり、江戸時代の鎖国政策における出島を中核にした海外との交易の場合でも一貫していた。

このように強い意図に基づいた限定的な受容であった特質から、研究上の問題が生じている。キリスト教が意図的に切り離されていたために、文化受容の研究をキリスト教に焦点を絞って行うと、検討対象の全体像が失われてしまう傾向が生じるという問題である。その一例が、塩野論文「「奉教趣意書」に読む熊本バンド」である。熊本バンド研究で「奉教趣意書」の持つ価値と研究上の重要性は、見逃すことができない。ところが、「奉教趣意書」に焦点を絞りこむと、熊本バンドの舞台であった熊本洋学校の全体像が分からなくなる。たとえば、教師ジェーンズは熊本洋学校で殖産興業を重んじ、肥後藩の実学派と強い信頼関係で結ばれていた。また、その教育によって日本の殖産興業に貢献した教育者が育った。さらに一八七四年十月には、熊本洋学校との契約更新に際し、ジェーンズの教育観を語った重要な演説を行っている。これらはいずれも熊本洋学校を研究する上で欠かすことができない。ところが、熊本バンドを強調するとそれらの意味と価値の多くが見失われてしまうのである。

＊

このように見てくると、『神《ゴッド》と近代日本』における学問的試みは、近代日本のキリスト教文明受容に関してある到達点に達したというよりは、出発点の性格を明確にしたと言えよう。ここでは、この出発点の性格をいくらかでも明らかにしておきたい。そこで、ニーバー（Niebuhr, H. Richard 1894-1962）の『教派主義の社会的起源』（*The Social Sources of Denominationalism*, 以下、『教派主義』と略記する）がアメリカ・キリスト教史に果たした意味と比較しながら、述べてみたい。

学問的観点からすると、社会的出来事がアメリカ・キリスト教史の基本的な枠組みであるとしたところに、ニーバー『教派主義』の画期的な貢献がある。

ニーバーは言う[2]。

For the denominations, churches, sects, are sociological groups whose principle of differentiation is to be sought in their conformity to the order of social classes and castes.

（教派、教会、セクトは社会学的集団である。そして、それらは原則として社会階級の秩序に適合しながら、分化していくと考えられる。）

キリスト教文化圏にありながら、ニーバーはキリスト教社会を世俗社会の原理とキリスト教倫理の両者から考察した。私たちの場合はどうか。私たちの対象は、非キリスト教社会におけるキリスト教文明の急速な受容である。一義的には、この研究対象はキリスト教文明と非キリスト教社会の接触と交流、そして受容と考えることができる。しかし、形式的にはともかく実質的にこのように理解したのでは、近代日本の欧米文明の受容を解き明かすことはできない。

日本の近代化に見られる際立った特色の一つは、異質な社会でありながら欧米のキリスト教文明の受容において全面的な衝突が生じなかった事実である。衝突というよりはきわめて順調に、日本は欧米文明の受容を達成した。そこに、豊臣秀吉以来の日本的手腕である「表現である文化」の「根源である宗教」からの巧みな切り離しが行われていた。したがって、「根源である宗教」から切り離された「表現である文化」だけの受容という内実において、日本の近代化でキリスト教の文明文化はどのような変容を遂げていたのか。また、このすぐれて日本的な文化受容は近代日本に対して何であったのかがさらに問われなければならない。

研究上の意図からすると、ニーバー『教派主義』にはアメリカ・キリスト教の再生に向けた熱情が貫かれている。『教派主義』冒頭の言葉はこうである。(3)

Christendom has often achieved apparent success by ignoring the precepts of its founder.

（キリスト教界が、しばしばその創設者の教えを無視することによって成功をおさめてきたことは、衆人の目に明らかである。）

キリスト教界に向けたこの挑発的な言葉は、しかし、非キリスト教の立場から放たれたものではない。そうではなく、キリスト教界内部からキリスト教界改革へのパトスに燃えて放たれた批判である。問題は、ニーバー的な一面的立場で近代日本におけるキリスト教文明の受容という研究課題が解明できるのか、である。解明できたとしても、それはおそらく限定された一局面に過ぎない。あるいは、ニーバーのように歴史研究には時に感情移入が必要であり、時にパトスが力を発揮することを承知している。けれども、私たちはむしろ冷静にそれぞれの研究分野から課題に取り組む。私たちの研究グループが一致するのは、それぞれの学問分野に立つことにおいてのみである。キリスト教に対する立場も一様ではない。しかし、近代日本におけるキリスト教文明の受容という複雑な研究課題との取り組みにおいては、研究分野や立場の多様性がむしろ有効に働くと思われるのである。

いずれにしても、キリスト教文明受容に向けた私たちの探求は始まったばかりなのである。

注

（1） Tillich, Paul, *The Protestant Era*, 1948, xvii.（古屋安雄訳「プロテスタント時代」『ティリッヒ著作集　第五巻』一九頁）。

（2） Niebuhr, H. Richard, *The Social Sources of Denominationalism*, p. 25（柴田史子訳『アメリカ型キリスト教の社会的起源』三一頁）

（3） Niebuhr, H. Richard, *Ibid.*, p. 3（柴田史子訳、前掲書、一一頁）

目次

神《ゴッド》と近代日本

――キリスト教の受容と変容――

I

岩尾龍太郎

クルス・クルサード・クルーソー

――宗教・貨幣・物語――

クルサード貨と『ロビンソン・クルーソー』初版さしえ

はじめに

キリスト教と近代日本は、激突、すれ違いを含め、奇しき絡まり合いを演じた。ここでは、キリスト教と関係が深いロビンソン物語の日本への移入に焦点を絞って、その絡まりの一つを示してみたい。意外なことに、その絡まりはロビンソン物語の出版に先立つ戦国時代から始まり、話はローマ帝国期にまで遡る。

一　ロビンソン物語と貨幣

『ロビンソン・クルーソー』は、単純な冒険小説と思われているが、一筋縄では捉えられない作品である。宗教と経済が複雑に絡み、意図を謎めいたものにしている。謎の一つは、ロビンソンの貨幣嫌悪と執着というかたちで現れる。ふつうは、孤島に漂着した主人公が頑張ってサバイバルする部分だけがよく読まれ、「孤島の単独者」という設定が経済学者に「交換と分業体系を渇望する孤立した勤勉な労働力」なる恰好のモデルを提供したことから、孤島のロビンソンにとって貨幣は必要ないことが強調される。なるほど難破船からの搬出で鋳貨の袋を見付けたロビンソンは、「お前は私には何の役にも立たぬ、海底に沈むがよい」と頓呼する。これに感激した大塚久雄は、禁欲主義に目覚めるべきロビンソンがこの鋳貨の袋を「蹴飛ばしてしまう」と誤読するが、原作の主人公は「考え直して」、嵐の中を溺れそうになりながら大量の貨幣を陸揚げし、二十八年間、洞穴の奥に退蔵したあと、錆を磨いて英国へ持ちかえる。

この貨幣への奇妙なこだわりの背景にあるのは、けなげな単独者の浄化されたサバイバル物語に隠蔽しきれない、それどころか、その物語の基層にある植民地支配の血塗られた現実である。「孤島の勤勉な単独者」の部分は、あたかも舞台となった孤島のように大英帝国建設期の植民地主義の文脈の上に浮いている。この文脈は筋立ての後景に退くため、読者はしばしば「孤島の物語」への視野狭窄に陥る。そうならないためには、島に漂着する以前と島を離れた後のロビンソンの活動を見届けねばならない。島に漂着する以前のロビンソンは、「ビーズ、玩具、小刀、手斧、ガラス小物」といった「ガラクタ」で砂金・象牙・黒人奴隷を入手する「ギニア交易」を行い、ブラジルではカトリックに改宗までして、奴隷を使ったサトウキビ農場を経営している。さらにロビンソンは、付近の農場経営者をそそのかし、労働力補充に黒人奴隷をアフリカから密輸で入手しようというバチ当たりな航海で例の島に漂着する。ロビンソンは奴隷商人なのだ。ブラジル到着以前にも、ムーア海賊基地サリーからの脱出行の同志でもあった黒人奴隷ジューリを銀貨六〇枚で売却している。ギニア交易と西インド貿易を結合した大西洋の三角貿易が、この物語の背景であり、それによって立ち上がるイギリス資本主義こそ、この物語の主人公である。

二　クルーソーの記号学

こうしたロビンソンと貨幣の奇しき絡まりを、主人公の姓クルーソーという記号が密かに示している。

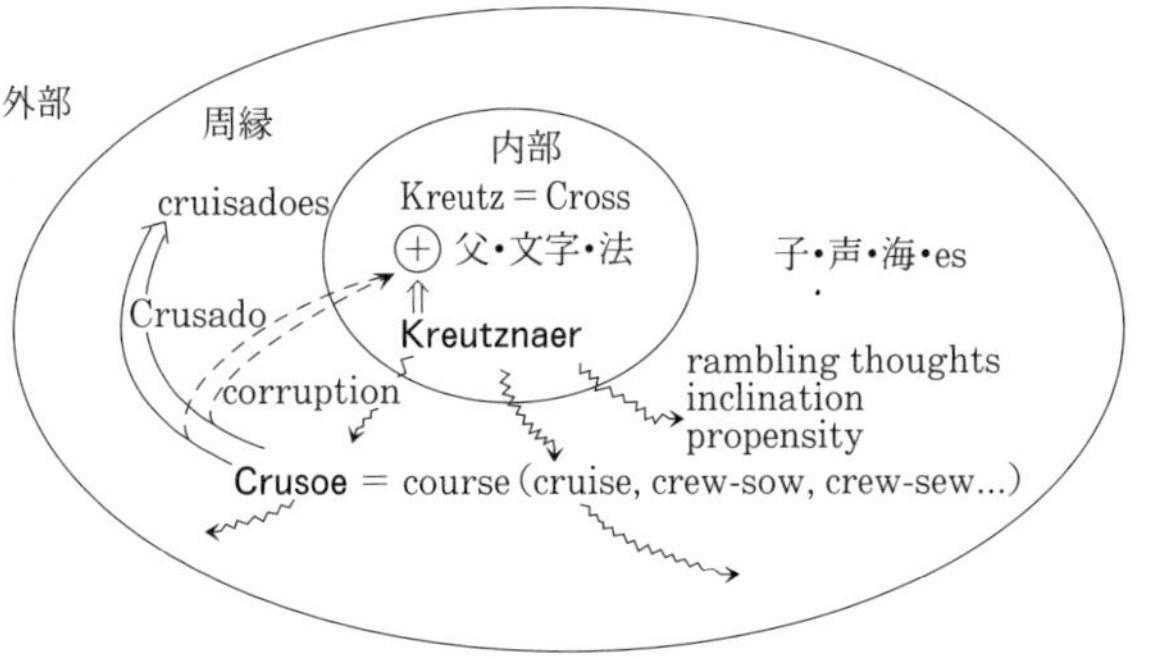

クルーソーの構造

結論から言えば、クルーソーとは、十字架の隠蔽＝保存であると同時に、十字架からの逃走であり、季節外れの十字軍《クルサード》、クルサード貨幣である。どういうことか。Crusoe の記号学を開陳しよう。

第一段落。「私は一六三二年ヨーク市に生まれた。家柄はよかったが、この国の家系ではない。父はブレーメン出身の外国人で、はじめハルに住みついた。彼は商取引きで財産をこしらえたあと、商売をやめ、やがてヨークに住み、そこで母と結婚した。母の親族はロビンソンを名乗り、その土地の名家だった。そこで私はロビンソン・クロイツナーエルと呼ばれた。しかしイングランドではふつうの言葉の訛り (corruption of words) のために、私たちは今ではクルーソーと呼ばれるようになった。自分たちでもそう名乗り、署名し、仲間も私をいつもその名で呼ぶのである」。

ロビンソンという母方の姓がファースト・ネームに転じ、クルーソーという姓は父の名 Kreutznaer に由来する。この不思議な名は、十字架 (Kreutz) の傍 (nahe) と響く。カトリック的十字架に近づき (narrow) すぎて阿呆 (Narr) になっていたとも読める。これが corruption によって Crusoe に変化したという記述を、たんに「言葉

Secondly, There was the Account of four Years more while they kept the Effects in their Hands, before the Government claim'd the Adminiſtration, as being the Effects of a Perſon not to be found, which they call *Civil Death*; and the Ballance of this, the Value of the Plantation encreaſing, amounted to Cruiſadoes, which made 3241 Moidores.

空白のクルサード

の訛り」と受け取ることはできない。Crusoe は、Kreutz（十字架）を表現かつ隠蔽しつつ、そのアナグラム Course（航路・商業路）への主人公の corruption（分解・腐敗・堕落）を暗示して現れた記号なのだ。Crusoe は、父＝神のもとを離れ、奴隷商人、プランテーション経営者となる。彼は、十字架からの離脱の負い目を、アジア奥地での十字軍（Crusado）行動で乗り越えようとあがく。これがクルーソーの記号学から見た後半の筋立てである。

物語第二部では、マダガスカルの原住民虐殺に関与し、阿片貿易でボロ儲けしたあと、アジア奥地に入り込みラマ仏像を爆破して逃走する。物語第三部『ロビンソン・クルーソーの真面目な反省』の中でロビンソンは、ヨーロッパ・キリスト教諸国はメキシコを征服したコルテスに倣ってアフリカ・アメリカ・アジアを釈伏すべしという「十字軍」構想を提起する。十字の傍らへの帰還の雄叫びにもかかわらず、主人公の一生は、姓に隠されたクルサード銀貨に象徴される貨幣勘定でしかない。生涯は金銭出納帳に還元され、最後の記載は「三、四七五ポンド一七シリング三ペンス」である。宗教性はまったく蒸発している。

ところが物語第一部の終末部、リスボンでブラジルのサトウキビ製糖農場を為替手形化して全資産を算定するとき、三、二四一モイドール金貨の総額を、わざわざ、金属組成を変動させていたクルサード銀貨に換算しようとして、作者デフォーは、換算比率を失念したのか、目立つ空白箇所を残してしまう。この空白に、現行テクストのように「三八、八九二クルサード」という妥当な数字を入れると、クルーソー記号がクルサード記号に還元される際に思わず示した動揺を見逃してしまう。クルーソー＝クルサードは、神と貨幣のねじれたこだわりの表現であるがゆえに、表現されながら消去されているのである。

そうした不思議な貨幣が、すでに戦国末期の日本に来ていたことを次に見てみよう。クルーソーの物語が出版される二〇〇年前のこと、貨幣は物語に先立つのである。

三　イエズス会とクルサード銀貨

ロビンソン物語に秘められた宗教と経済の絡みは、デフォーの作品が現れる以前から東洋に押し寄せていた。一五一〇年ゴア、翌年マラッカを占領したポルトガル人は、銃、キリスト教とともにクルサード貨を戦国時代末期の日本にもたらした。十字軍と同じ綴りのクルサード貨は、スペイン、ポルトガルの東洋進出を象徴する貨幣で、ザビエル以降、イエズス会の布教活動の資金として持ち込まれた。宣教師たちは貿易船でマカオまで渡来し、明の海禁政策にもかかわらず暴れていた倭寇ネットワークにのって日本列島に来た。

ザビエルはマカオで知ったヤジローによって日本の文化水準が改宗にふさわしいと判断し、一五四九年ヤジローの手引きによる「海賊」の船で鹿児島に上陸した。イエズス会が一五四〇年ローマ法王の裁可を受けてからわずか九年後という迅速さである。ザビエルは山口の大内義隆に「二百クルサード相当」の土産を献上した。商才にも敏であったと思われるザビエルはマラッカ長官宛書簡で次のように記す。「若し閣下が、私を御信任の上、私を、閣下が当地にお送りになる総ての商品の管理人に任命されるならば、私はこう断言します。即ち、今日までマラッカの長官が、一人も使おうとしなかった或る確かな方法に依って、商品を一から百以上に増やすことができる、と。その方法というのは、この国の者で、将来、信者になる窮迫者に、商品の凡てを与えることであります」。「その利潤は、少しも危険が伴わず、全く確実に、はいってきます。何故かと言えば、キリストに、一を与える者は、来世に於て、彼等のためにキリストが百を保留して居られることは、確かだからであります」。この投資プランは、一五五六年ポルトガル商人ルイス・アルメイダが日本でイエズス会に入会し、私財四千クルサードを寄付したことで実行された。イエズス会は日本―マカオ間の生糸中継貿易によって布教活動の資金を増やした。

ただしこのクルサード銀貨はマカオで中国産の生糸、絹織物に換えられ、この生糸、絹織物が日本にやってきて、日本産の金、銀、のちには銅が海外へ吸い出されたので、クルサード銀貨は日本に蓄積されなかった。中世の日本が「黄金の国ジパング」として伝説になっていたことはマルコ・ポーロ『東方見聞録』にある。近世の日本は銀産出国だった。十七世紀初頭、日本の年間銀産出量はポトシ銀山規模の二〇万キログラム、世界の銀生産の三分の一に達していたという。ヴァリニャーノ、リンスホーテンらが算定したところでは、五〇万クルサード相当の日本銀が中国からの生糸、絹織物購入に使われた。出島からの最大の搬出品は粗銅を棒状にした「棹銅」である。いずれにせよ金銀銅は日本から流出し、西欧の貨幣が日本で蓄積されることはなかったが、クルサード貨幣は当時のポルトガル、スペインの換算通貨だったので、ヨーロッパ側の文献にたびたび記された。ザビエルは山口で教会を建てるのに借りた三〇〇クルサードを支払うため、マラッカ長官にその三〇〇クルサードを用立ててもらい、ジョアン三世がマラッカのコレジョに毎年二〇〇クルサード支出してくれる中から返済する旨を書き送っている。ロドリゲスやフロイスは日本の産物や大名の資産をクルサード単位で記した。秀吉が大友宗麟から買い上げた銘刀「骨喰《ほねはみ》」は一万クルサード、有名な茶碗が三万クルサード、新鮮な鶴は五〇から六〇クルサード、塩漬けの鶴は一〇クルサード、といった調子である。一六〇九年に駿府に貯蔵されていた幕府の銀は八、三〇〇万クルサードと算定されている。

このように文献にはクルサード記号があふれているが、日本国内に残ったクルサード貨幣はまだ見ない。十字コインは信仰の対象となり、それゆえにキリシタン弾圧によって、わずかに残っていた銀貨もすべて鋳潰《いつぶ》されただろう。「聖徒の像が刻まれている貨幣を好奇心から携えていた者まで処刑された」時代であった。長崎に入港するオランダ船はキリスト教を匂わせるものは一切持ち込んではならず、死者さえ港外で水葬せねばならなかった。デフォーが物語の中で表現かつ隠蔽したクルサード貨幣は、デフォーの願望を半ば表現したかのように十七世紀の日本で消えた。奇しきことにクルサード貨幣が消えたのちに、クルーソーの物語が入ってくる。しかし十字記号は消えなかった。というより十字記号はさまざまの形ですでに存在していたし、極東に押し寄せた無数の十字シンボルは、あたかもクルーソーのサバイバルのように、江戸時代に隠れた形で存在しつづけることになる。

四　十字《クロス》記号の歴史

そもそも十字シンボルとは何か。その歴史は古い。ここでは、クルーソーが隠し現している「十字」の起源を、再生・生殖のシンボルが処刑器具の形と結合し、キリストの贖罪・復活のシンボル（ラテン十字）へと変形・統合されたという筋道で整理してみたい。

①等辺十字（ギリシア十字）は、東西南北あるいは四大元素の連結、宇宙の中心と方位を表現するもので、諸民族に見られる。生命の再生はあらゆる農耕神話の核心にある。エデンの園にあった「生命の木」もその神話の残滓である。十字形はおそらく男性器のシンボルである。現在でも男女記号に応用される。ヒンドゥーの鉤十字（まんじ）も等辺十字の仲間である。本来は四という数と関わるはずだが、シチリア、マン島には三本足まんじもある。また等辺十字と一〇という数との関わりが、ローマ数字「X」、漢数字「十」にも見られるのは興味深い。②円に等辺十字を入れた車輪十字（円は太陽を表すので日輪十字というべき）も根源的な図形である。太陽の生命と生殖器の結合図形だ。仏教の法輪はこの形であり、卍《まんじ》はこの変形である。また大地から生えた十字が太陽を表す円を突き出るケルト十字、輪付き十字もこの仲間である。

1 車輪十字
2 ギリシア十字
3 ラテン十字，受難十字
4 アンデレ十字，斜十字
5 タウ十字，アントニウス十字
6 熊手十字，悪人十字
7 把手十字，エジプト十字
8 スワスティカ，(俗に)鉤十字
9 錨十字
10 クローバー十字
11 撞木十字
12 エルサレム十字
13 複十字
14 ロレーヌ十字，大司教十字
15 聖別十字
16 ロシア十字
17 ヨハネ騎士修道会十字，マルタ騎士修道会十字
18 ガンマ十字
19 獣足十字
20 トロース十字(トゥールーズ十字)
21 籠十字，りんご十字
22 玉十字
23 枝十字
24 二重十字
25 枢機卿十字
26 ヤコブ十字
27 鉤十字
28 キリストのモノグラム
29 三位一体のシンボル

さまざまな十字架(モーア『西洋シンボル事典』)

この二つの十字は基本的には幸福の印であるが、処刑器具としての十字架がある。代表的なのが、③T型のエジプト十字である。イエスが刑死した「σταυροσ」は「杭」「棒」とも訳せるが、罪人の腕を固定する横棒があったと思われるので、T型だろう。のちにペテロが掛けられた逆さ⊥型もある。これらは身分の低い重罪者の処刑に用いられた。④アンドレアスが殉教したアンドレアス十字、あるいはY型十字(悪人十字)も、処刑器具が起源である。これらも、贖罪の十字架の価値転換によって、のちに聖化されることになる。

これらの処刑器具は、汚れを避けるために、共同体の外部、道が交差するところに置かれた。器具の形(T、X、Y)は、交差路の形でもある。村の外れ、道が交差するところは、危険を孕み、境界を出ることへの禁忌と侵犯の欲望が渦巻くところでもある。共同体の中心である教会に埋葬できない異端者や自殺者も、そこに埋められた。そうした「不死者」の一人ドラキュラが十字架を嫌悪するのは、出自の場所と形を想起させるからだろう。ドラキュラはカトリック出自だと言ってもよい。作者ブラム・ストーカーはアイルランド出身である。ドラキュラは、もはや十字架を拝まないイングランドのタイプライター文書テクノロジーによって包囲され、出自の原形である杭を打たれて消える。それはともあれ、そもそもクロスの形と場所は、キリストの贖罪というモチーフが加わる以前から、排除された死や罪という負の価値が聖なるものへと反転するところを示していたとも考えられる。かくしてXや+は、死者の印であると同時に、聖なる記号となる。こうした反転を秘めた交差路を示す「辻」という漢字に十字が現れるのも興味深い。cross(十字路)、course(交通路)は、おそらくcurse(呪い)と同じ語根から派生した。

十字架はイエス処刑後三百年を経てようやくキリスト教の中心シンボルとなる。ウォラギネ『黄金伝説』の中に、三一〇年、四分割されたローマ帝国の再統合を図るコンスタンティヌス帝が、第二正帝の息子マクセンティウスと戦うべくモーゼル河畔の都トリアーからアルプスを南下する途上、夜空に金文字に輝く十字架と、そこに記された「この徴にて汝勝利せん」という文字を見たという話がある。この時の十字架は、長い槍に横棒を入れた十字、あるいはアンドレアス十字、これにギリシア文字ρを加えたキリスト記号（Χριστοσの最初の二文字）であったと言われる。コンスタンティヌス帝は、「夜空に見たのと同じ十字架のしるしを自分の額に描き、軍旗のかわりに十字架を掲げさせ、自らは黄金の十字架を手にとって」進軍し、ミルウィウス橋の戦いで大勝利をおさめた。マクセンティウスはひとりでに橋から落ちて溺死したという。コンスタンティヌス帝がいつキリスト教に改宗したかは不明だが、十字シンボルの歴史にとって重要なのは、彼が十字架刑を廃止したことだろう。これによって十字架の価値転換が可能になるからである。

『黄金伝説』は、コンスタンティヌス帝の母ヘレナが、エルサレム巡礼の際に聖十字架を発見したという伝説を付け加える。話は反ユダヤ的傾向をもつ新約外典「ニコデモ福音書」を引いて楽園の「生命の木」がイエス（吊された男）の処刑に使われたとする壮大な歴史物語に膨れあがった。それはこんな話だ。アダムの病気を治すために息子セツが楽園の木の小枝を入手して帰ると、罪の人アダムはすでに死んでいた。セツは墓の上に小枝を植えた。小枝は成長して大木となり、ソロモンやシバの女王が建材に使う。しかしユダヤ民族には不具合な木であって、大地深く埋められ、さらにその上に神殿の犠牲獣を洗う池が掘られた。ところが、アダムが背負い込んだ人類の罪を一人償うべく、「キリストの受難が近づいた頃、木がひとりでに浮かび上がった」。その木は、ゴルゴタ（されこうべ）と呼ばれた山まで運ばれて、主の十字架となり、また地中に埋められた。このあと三百年以上たって、ヘレナはエルサレムに詣で、アフロディテ神殿で三本の十字架を発見した。どれがキリストが掛けられたものかわからなかったので、ヘレナは死体をそれぞれの十字架のうえに乗せてみた。するとキリストが掛けられた聖十字架の上で死人が生き返った。この十字架が新帝都コンスタンティノープルに奉納されたという。こうした何千年かの歴史物語が、十字架伝説の概要である。初期キリスト教には、「生命の木」のような旧約聖書のモチーフを新約聖書に結びつけて比喩的に（figuraとして）解釈する予型論《タイポロジー》の伝統があったが、ここでは解釈の技法が現実の歴史にすり替わっている。

フェミニストによる脱男性神話事典とでも言うべきバーバラ・ウォーカー『神話・伝承事典』は皮肉たっぷりにこう語る。「イエスが掛けられた本当の十字架が発見されたということは、ヘレナがその生涯を終えたずっとのちになって、初めて人々の耳に入ったことであった。……そのような重大事件であるにもかかわらず、それを記録しなければならないと思った年代記作者は、当時、一人もいなかった」。じっさい十字架はそもそも処刑器具、あるいは異教の生殖シンボルであったから、初期キリスト教徒は排斥した。復活を暗示する魚、船、錨、羊飼い、鳩などが、崇敬のシンボルとして描かれた。或る教父は、キリスト教徒たちが十字架を崇拝することに憤慨して、次のように言った。「お前たち、それでは異教徒ではないか。木の十字架を崇拝するなんて、それはまさに異教徒のすることだ」。偶像禁止の憤激にもかかわらず、五世紀には十字架はキリスト教の中心的シンボルとなる。おそらくこの頃までに、パウロが強調した十字架の贖罪という教義の核心に対して、再生のシンボルとしての等方十字・日輪十字の力が呼び起こされ付加されたのだろう。

『黄金伝説』は十字架の価値転換を鮮やかに語る。「主の受難以前は、十字架は、一本のつまらぬ木にすぎなかった。……それは、卑しい木であった。盗賊たちが処刑された木だからである。それは暗黒の木であった。何の飾りもなく陰気であったから。それは死の木であった。人間が殺された木だから。また、悪臭を放つ木でもあった。屍体のなかに植えられていたから。しかし主の受難後、この木は、何千倍も何万倍も高められた。そして、とるに足らぬ木は、めでたい十字架に変身した。……死の木は、永遠のいのちの木となった。……悪臭を放つ木は、かぐわしい香気の木となった」。ここには十字架の価値の負から正への転換が鮮やかに語られている。現実の歴史の中に再出現した聖十字架は、六一四年ササン朝ペルシャのホスロー二世に奪われ、東ローマ皇帝ヘラクレイオスによって再び奪還されたという。相当のドサクサである。初期キリスト教の混乱と苦難の過程で、十字架がカトリック教会統合の中心となり、気が付けば聖十字架が至る所に鎮座していたのが実態だろう。聖十字架の増殖について、のちにカルヴァンは、「一人の人間が背負った」はずの物が「船一隻分の積荷」ほどあると、ローマ・カトリックを嘲ることになる。

十字架の価値転換直後の形は、自然の四原基・四方位を結合した等方十字だったと思われる。しかし、この統合のシンボルは、東西教会で分化し、東方は等方十字、西方カトリックは縦長の⑤ラテン十字（カルヴァリ十字）になる。東方ギリシア正教は、いまなお円と等辺十字（ギリシア十字と呼ばれるようになる）を基本としている。縦長の場合は横棒、斜め棒を付け加える。教会堂も、ハギア・ソフィア（六世紀）に見られるように、円と正方形が基本である。四世紀まではギリシア十字が優勢だったが、やがて西方教会にラテン十字が現れる。この縦長十字の起源はよくわからない。仮説をいくつか述べたい。

ラテン十字の起源の一つにケルト十字がある。それは大地から生えた宇宙樹が太陽へと上昇してゆく図形である。ケルト・キリスト教文化は、フランク王国とカトリックが提携してゲルマン諸族アリウス派と対抗するとき、北方から入ってきた。聖パトリックのアイルランド布教は四三二年からである。そのころからケルト文化とキリスト教シンボルの結合が縦長十字架をもたらしたのではないか。もうひとつラテン十字の起源と考えられるのは、十字架上の贖罪の観念を強調するために、十字架とともにキリストの死体が表現されたことである。キリストの磔刑像は西方教会の産物である。東方教会ではキリストは全能者として力強く描かれる。死体はダ・ヴィンチが描く円形内の人体の生命力を持たず、重力に支配され、頭は垂れ、萎びて縦長になるだろう。ラテン十字の形成と並行して、キリストの死体付き十字架が造形され、聖骸布や聖痕崇拝を生み、聖セバスティアンの殉教、十字架降下などの画題が現れた。これらは、神の子イエスの苦しみを人間の苦しみとして受けとめ、聖化するものである。ここには重力と恩寵が拮抗する垂直軸が強くはたらいている。これに対して新教のグリューネバルト「イーゼンハイム祭壇画」は、重力・腐敗を表現する磔刑図と、恩寵・昇天を表現する復活図が別画面になっている。

ラテン十字の特徴は、等辺十字が有する曼陀羅的な中心性を失い、精神性を象徴する垂直軸が強くなり、交点が上昇することにある。このカトリックのシンボルの確定が、初期ゴチック教会建築の天に向かう上昇と並行した。垂直に視線を吊り上げる造形は驚異的である。ローマの石組み技術は、倒壊の危険を冒してその限界まで試みられた。縦に締め上げ交差する半円アーチのクロスする点は天に向かって上昇する。リブ（骨組み）を張り巡らした堂内天井には、無数のアンドレアス十字が見える。垂直荷重を分散させて立ち上がる飛梁は十字架を戴く。石の重力から解放されて開いた縦長の窓とステンドグラスにも垂直性をめざすカトリック精神が見て取れるだろう。ただし盛期ゴチック教会でも洗礼堂と薔薇窓は円を基本とする曼陀羅的性格を残している。縦長ラテン十字とゴチック建築の並行関係を示して興味深いことに、教会の平面図もまた十字架上のキリストを象徴するためにラテン十字形になった。最初の教会はローマ以来の正方形や長方形のバシリカ様式で入口は側面にあった。のちに正面入口から後陣《アプシス》への軸が伸び、縦長の身廊を横切る袖廊《クロス》の一部が発達してラテン十字形になっていったのである。

ところで縦長ラテン十字の成立は、十字架を持ち運ぶ必要からも説明できる。持つ部分、あるいは移動して据え付ける部分が必要となり、長くなったのではないか。西方カトリック教会は十字架を高く掲げた行列を重視する。そのために教会堂が長くなったとも言われる。縦長十字には、移動、行軍との関わり、さらには移動しつつ十字架を掲げて行われる異端審問との関わりすら考えられる。じっさい、集団ヒステリーのようなかたちで十字架を掲げ、移動することによって、西ヨーロッパ＝キリスト教社会の同一性を作り上げる巡礼や十字軍の動きが、十一世紀から活発になる。

五　十字軍とアジア探険

ロマネスク、初期ゴチック教会が西ヨーロッパ・カトリックの統合の中心として建築された時期、そして統合の記号であるラテン十字が確定した時期は、クルサード記号を掲げた外部への軍事行動が起こった時期でもあった。一〇九五年、教皇ウルバヌス二世の大演説によって励起された十字軍は、聖都エルサレム、その地にある聖十字架奪回という目標をほとんど果たさず、むしろベネチア商業資本と結託して、イスラムに対する西欧の防波堤だった東ローマ帝国を内部から蚕食するのだが、これによって西ヨーロッパ＝キリスト教社会が、正統と異端の軸を際立たせながら、内部矛盾を外部に投射し、異質な要素（ユダヤ人、アルビ派、魔女……）を締め出して均質な内部を立ち上げる過程となった。橋口倫介『十字軍』によれば、「西欧の諸侯・騎士は、キリスト教徒どうしの私闘をやめた代わりに、中近東に渡って〈盗賊領主〉になった。もともと盗賊であった者は法王の保証つきで〈キリストの兵士〉に変身した」。十字軍とは、統合の象徴として十字架を掲げて行われた西ヨーロッパ＝キリスト教社会の同質化であった。西ヨーロッパ＝キリスト教社会というまとまりは、この時はじめて現れたのである。従軍した騎士団のシンボルにはギリシア十字の変形もあったが、統合のシンボルはラテン十字だった。第四回十字軍は、聖十字架が鎮座するコンスタンティノープルに侵攻し、その名も「ラテン帝国」を設立する。

この十字軍という西ヨーロッパ統合運動の延長線上にアジア探険が開始された。対イスラムの眼差しが、さらにその彼方のアジアへの眼差しを生むのである。ここで大きな役割を演じたのが、イスラムの向こうに司祭王プレスター・ジョンの帝国が存在するという伝聞だった。古代ギリシアのヘロドトス以来、ヨーロッパから見た東洋のイメージは黄金と怪物が混在する領域だった。イスラムの彼方にプレスター・ジョンの国が想定されたことにより、敵の敵は味方、それも豊かな文明国らしいというわけで、アジア文明との接触が図られることになる。十二世紀のはじめ女真族に追われた契丹の耶律大石が、西に進んでイスラム勢力とぶつかり、これに打撃を与えた戦闘の伝聞が尾鰭を付けたらしい。ウイグル、ナイマン、ケレイト族にはネストリウス派キリスト教徒がいた。十字軍運動のさなか一一六五年ごろ、プレスター・ジョンから皇帝宛の手紙なるものが偽造され、十二使徒の一人聖トマスのインド伝道の伝説も呼び出されて、アジア・ブームとなった。プレスター・ジョンへの接触を図るべく、カルピニ、ルブルク、オドリコら修道士が派遣された。当時最も読まれたのは、オドリコ情報を活用したジョン・マンデヴィルの空想旅行記である。マンデヴィルは、ヘレナの聖十字架発見、東洋の怪物誌とともに、通過するのに四ヵ月を要する広大なプレスター・ジョンの国について語っている。

アフリカ西岸を南下したエンリケ航海王子、また彼に続いて東方を目指したポルトガル人航海者を駆動したのも、プレスター・ジョン伝説であり、十字軍の続行という意識だった。ジョアン二世以来、ポルトガルの航海者は発見地に十字架と占領標識を建てることが命ぜられていたから、バルトロメウ・ディアスもバスコ・ダ・ガマも、アフリカ沿岸に十字架を立てながら、プレスター・ジョンの国との接触を図りつつ東進し、黄金の国ジパングをめざした。だがイベリア半島におけるイスラム最後の拠点グラナダを陥落

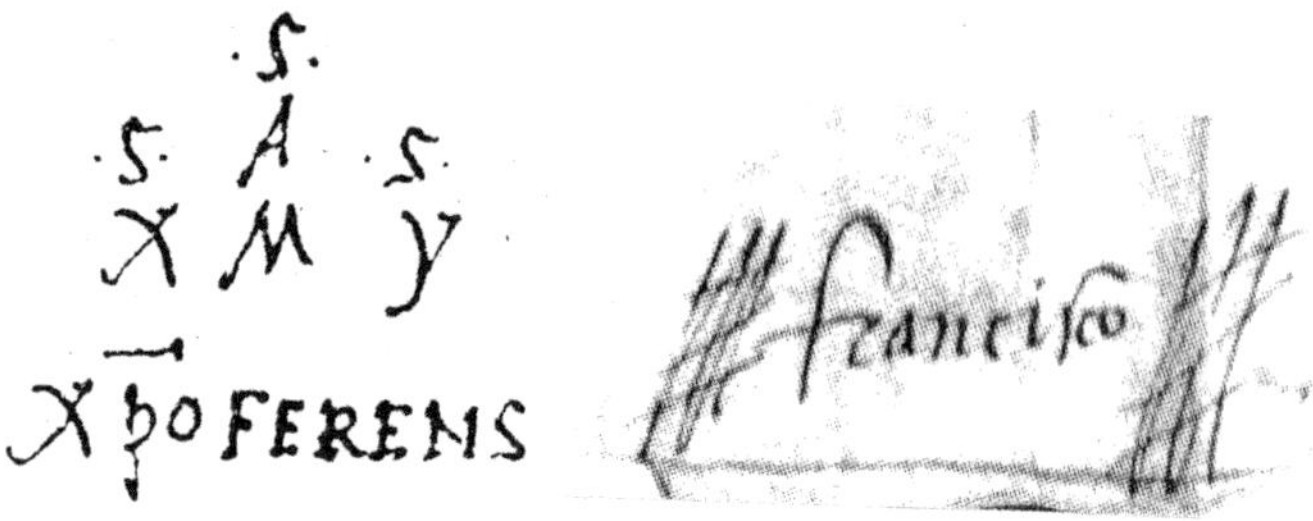

コロンブス（左）とザビエル（右）の署名《サイン》

させたスペインは、国土回復《リコンキスタ》を西回りの新世界征服《コンキスタ》へと直結させることになる。その立役者となったのがコロンブスだった。彼は、ジェノヴァ商人、あるいは改宗ユダヤ教徒（マラーノ）であったかもしれぬ来歴不明のまま、生成したばかりの記号「スペイン人」を見事に演じ、「これから発見するであろうあらゆる島々・大陸の提督にして副王兼総督」という未だ対応すべき実体不在の称号のもとに西に向かい、彼の頭のなかの「インド」を「発見」する。刑事コロンボと同じ平和なコロンボ（鳩）という名前だったと思われるが、クリストバル・コロンを名乗り、コロン記号をいっぱい付けて署名した。頭にアンドレアス十字が見え、キリスト記号が意識されている。Christroferens Colon は「キリストを担っている植民者」を意味する。十字軍の継承を打ち出した名前だった。

　さてコロンブスが新世界掠奪に精を出すころ、バスコ・ダ・ガマのサン・ガブリエル号も十字を描いた帆を張ってインド洋に入った。ポルトガルは香料と伝説の黄金を求めて東南アジアに軍事拠点を築いてゆく。「キリスト教のコロンブス」たらんとしたザビエル（Xavier）はその軍事と交易のネットワークに乗って日本列島にやってきた。頭にアンドレアス十字をもつ彼の署名もまた沢山の十字記号に挟まれている。

イエズス会がめざしていたのは世俗国家をはるかに超越した神に絶対帰依することだったが、「見える教会」を否定して個人の内面を媒介にした「見えざる教会」をめざす新教に比べ、カトリックには宗教権力と政治権力が直結しやすい傾向があった。そうした超越性への絶対帰依が、統一政権に向かう乱世の日本人の心を捉え、劇的な布教の広がりを見せ、そのことがまた、自ら一種の超越性を捏造しようとした秀吉、家康と衝突し、世界でも稀な大殉教を引き起こすことになる。この超越的な救済願望と殉教の要因となったのも、十字架の観念である。ロヨラ『霊操』には、十字架のキリストを直に体に感じる瞑想トレーニングが記されていた。これが日本のキリシタン文書『御パシオンの観念』のもとになる。この文書の本文は、「それ、キリシタンの修行の中に、わきて徳深く、ことさらデウスの御内証に相叶ふ修行といふは、御扶手《おんたすけて》ゼズーキリシトの御パシオンを、信心を以て繁く観じ奉ることとなり」で始まる。この文書の核心にあるのは、「クルスに掛かり給ふキリシト」によって「我らが科の負物いささかの未進［未済］もなく、達して返弁し給ひ、その科の御赦しのためには、我らが代として、負物よりもなほ分量をまして調へ納め給ふなり」、すなわちキリストが人間の身代わりとなって罪の償いを果たし恩寵を溢れさせたという「真に驚くべき題目」「クルスに隠れ給ふ隠密［秘蹟］」であった。この文書には『黄金伝説』の十字架物語の基礎になった旧約聖書の予型論《タイポロジー》すら登場する。「クルスの木を以て我らが扶かりの道を得させ給ふことは、［楽園の］木にて勝ちたる者［悪魔］を、木［十字架］を以て負けさせ給はんためなり」。「ダニエル―ポロヘタ［預言者］の経典に見ゆるは『ナブコドソノルの夢に、世界の真中に植ゑたる一本の木あり。高きこと雲を払ひ、美しき葉茂り、潤沢なる実を結べり』とあり。この木といふは、世界の真中にてクルスに掛かり給ふゼズーキリシトのヒグゥラ［figura、予型の比喩］なり」。このように『黄金伝説』の十字架讃歌は極東のキリシタンをも導いたのである。しかしキリストの勝利の十字架は殉教の十字架でもある。十字は信仰エネルギーが注ぎ込まれる中枢だった。殉教への情熱は為政者に恐怖を抱かせ、大弾圧となる。

少し回り道をして十字記号や十字軍の歴史を見てきたのは、日本にやってきたクルサード貨幣の起源が十字架、十字軍にあったこと、それゆえ宗教シンボルであると同時に、征服の論理を内包する貨幣であることを確認するためである。最初のクルサード貨幣は、アルフォンソ五世（一四三八－八一）の時代、アフリカ西岸の砂金を用いて鋳造された金貨である。これに続くさまざまなクルサード貨幣の材料となる貴金属はポトシ銀山など征服地から採掘された。クルサード貨は、十六世紀から十八世紀にかけて、金属組成や貨幣価値をかなり変動させて発行された。デフォーの時代まで各種のクルサード貨が流通していたから、クルーソーの会計報告に謎の空白を生じたのだ。

クルサード貨幣はクルーソー物語にはるかに先行したが、貨幣と同時に日本に入ってきた物語もある。一五九〇年、八年前に出発した天正少年使節団とともに再来日したヴァリニャーノは活字印刷機を運んできた。これによって一五九一年、島原半島南部の加津佐コレジョで、中世聖人伝『黄金伝説』からの抜粋「サントスの御作業のうち抜き書き」が印刷された。「黄金伝説」がジパング黄金伝説とクロスする瞬間である。さらに一五九三年天草河浦のコレジョで「イソポのハブラス」が印刷された。これらは、日本に移入された最初の西洋文学である。そして第二の移入作品となるのが、幕末一八五〇年にオランダ語から重訳されるロビンソン物語『漂荒紀事』である。

なぜロビンソン物語が、出版から一三〇年もたって、オランダ語からの重訳というかたちで翻訳されたのか。この事情を説明するには、東アジアの情勢変化と、いまだに日本人の居丈高に閉ざされたメンタリティを規定している鎖国に触れなければならない。

六　東アジアの情勢変化

日本列島へ西欧諸国が押し寄せ、幕藩体制への変動を惹起した時期は、一五一七年ルターに始まる宗教改革によって新教勢力が隆起する時期と重なっていた。ヨーロッパの変動と日本の変動は完全にシンクロしている。人口の一割以上が国外へ出ていくという無理をした小国ポルトガルは衰退に向かった。一五一九年に出発したマゼランは、コロンブスの願望を実現すべく、南アメリカ南端を抜け、西まわりで東インドに到達した。これはフィリピンを基地にした東アジアにおけるスペインの参入を決定的にした。ポルトガルとスペインによる世界分割を決めた一四九四年のトルデシリャス条約によれば、日本列島は明石付近で二分割されかねなかったのだが、衰退したポルトガルは一五八〇年スペインによって併合され、そのスペインもオランダが一五八一年に独立を宣言する頃から衰退に向かう。一五八八年の無敵艦隊の敗北は海賊国イギリスの台頭を象徴していた。一六〇〇年イギリス東インド会社、一六〇二年オランダ連合東インド会社が設立され、新教勢力はスペイン・ポルトガルの海上覇権の隙間をぬってアジアへ進出する。

新教は政治権力と宗教の結合を避けたが、カトリックは、布教の手段として政治権力との結合を積極的に図った。最初のキリシタン大名となった大村純忠は、松浦の襲撃、龍造寺の進出を怖れて一五七〇年、長崎をイエズス会に寄進する。大友宗麟の改宗は領民の大量改宗を引き起こした。一五九六年、スペインのアジア基地マニラから高価な積荷を満載してメキシコのアカプルコに向かった定期ガレオン船サン・フェリペ号が遭難して土佐に漂着し、積荷を没収された船長が「宣教師を先兵として侵略する」旨のヤケクソ暴言を吐き、これが秀吉に伝えられ、一五九七年の長崎西坂の丘における二十六聖人殉教が起きた。秀吉の動向を探りつつ慎重であったイエズス会と、スペイン帝国の威光を借りてこれ見よがしの布教を続けたフランシスコ会の対立が背景にはある。

そのころ（一六〇〇年）、のちに家康に仕え三浦按針を名乗るイングランド人ウィリアム・アダムズ、八重洲の地名で残るヤン・ヨーステンが、オランダ船リーフデ号に乗り込んで遭難し、臼杵に漂着した。江戸に回送された水夫たちをカトリック宣教師が「海賊」だから殺すように進言したが、家康は東アジアの情勢変化を知るための情報源とした。このリーフデ号もアジアでの通貨レアル・クルサード貨を二千枚運んでいた。船の大砲二〇門、小銃五〇〇挺は関ヶ原で試されただろう。

新教勢力は宗教性を表に出さず商取引に専念し、商売敵の旧教勢力を批判した。一六一五年、平戸イギリス商館長コックスが江戸の商館員に宛てた手紙を見よ。「スペイン国王は暴力をもってポルトガルを簒い、その正統な世嗣を逐い出し、世界の他の地方においても類似の行為がある。またもし出来るならば日本においても同様のことをなそうと欲している。而して伴天連は民を扇動して謀反を起こさせる適当の道具であると貴下が言っても無法ではない。この紘で弾ずるがよい。但し彼らが蔭で貴下に危害を加えないよう注意して欲しい」。旧教と政治権力との結び付きを巧みに衝いたリアルポリティークである。同じ新教国といっても英蘭関係は微妙であった。一六一九年に、カトリック勢力に対抗する英蘭防御同盟が結ばれる。バタヴィア建設の年でもある。もっとも、カトリック船団の援助を受けた秀吉の朝鮮侵略や薩摩の台湾征服の試みもあったから、いちばん恐れられていたのは日本かもしれない。じっさい末次平蔵の手下であった浜田弥兵衛が台湾でオランダ長官ヌイツを捕虜にする事件が起こっている（一六二八年）。こうした諸勢力の衝突のなか、一六二三年アンボイナ事件で、イギリスはオランダに放逐され、東アジアから手を引いた。この年、平戸英国商館は十年の歴史を閉じる。平戸阿蘭商館は一六〇九年から一六四一年まで存続した。オランダ船はマニラから帰航する平山常陳の船に潜む宣教師を平戸に連行するなど、キリシタン弾圧に加担した。「オランダ人御忠節の事」と言われる。宣教師は一六二二年火刑に処された。この事件は全国規模の元和の大殉教の引き金となる。金鍔次兵衛のように裏をかいて神出鬼没の活躍をした日本人バテレンもいたが、一六四四年の小西マンショの死を最後に、指導者はすべて処刑されるか背教し、一六三五年に発する寺請制度の徹底によって、信徒はすべて仏教徒の体裁を取らされることになった。これゆえに日本仏教は空気のように何でもない宗教になった。

日本キリシタン史にとっても、また東アジアの情勢変化にとっても決定的な転換点に島原の乱が位置する。これは単なる農民反乱、それも一国内の反乱という視点だけでは捉えられない。彌永信美によれば、キリスト教に触発されて準一神教的な構造をもった日本＝神国説が信長・秀吉・家康によって準備されていた。これが封建的寺社勢力を駆逐し、一神教的な性格の一向宗と激突すると同時に、ポルトガル、スペインが担った「最後の十字軍」と呼応するかたちでキリシタン大名たちによる「日本神国教の十字軍」とでもいうべき秀吉の朝鮮侵略、あるいはカトリック商人たちが狙った日本のキリスト教軍団による中国門戸開放策が企てられ、その反動として「鎖国」がイデオロギー的に閉ざされた「単一民族国家・日本」内部における「神国教」的絶対主義をもたらしたという。「島原の乱における反乱軍と幕府軍の対決は、キリスト教終末論に基づいた千年王国主義的反乱と、キリスト教帝国主義の特殊な異型としての「日本神国教」の権力との対決だった」。大胆な仮説だが、海外勢力と結びつきつつ十字の旗を掲げて戦ったキリシタン武士と豊臣残党をいかに制圧するかが初期徳川幕府の難題であったことは間違いない。この状況で、有馬・小西領のキリシタン武士がリストラされ帰農したところへ、石高を背伸びして申告した唐津寺沢の苛酷な封建支配が及び、鎮圧軍の幕府家老板倉重昌が戦死するほどの反乱となった。島原の乱に際してオランダ船の大砲が使われたことは注目に値する。貿易相手をポルトガル、スペインからオランダに代えて、完全な統制を図っていた徳川幕府は、オランダの「忠節」を試すべく、キリシタン鎮圧へ砲艦の出動を要請する。砲撃はかなりの損害を与え、砲身の破裂でオランダ人一名が死亡するほどであったが、一揆側から外国の手を借りるとは笑止と非難され止めた。食糧の尽きた原城は陥落し、三万七千の農民は虐殺される。新旧の違いはあれキリスト教徒を砲撃して貿易権を確保したオランダ人は、彼ら自身が「国営牢獄」と嘆いた出島に押し込められることになる。

その出島に十字の秘密を秘めたロビンソン物語は密かにやってきた。オランダ商館でこの物語が読まれていたことは、商館員遺物の売立記録の調査でわかる。一七七八年と一八〇八年に売却されている。洋書の国内流通が黙認されるようになってから、ロビンソン物語はオランダ語訳というかたちでようやく移入された。これがおそらく一八五〇年黒田による翻訳『漂荒紀事』の原本となる。このようにロビンソン物語は、原作出版から一三〇年後に、オランダ語からの重訳というかたちで現れるほかなかった。その背景には、東アジアをめぐる新旧教の対立があった。のちの脱亜入欧の時代に、ロビンソン物語は、こうした複雑な文脈を吹き飛ばして、ヨーロッパ文明の核心としての「プロテスタンティズムの倫理」の表出を拝読したいという勘違いのもと、個人の内面に視野を限定して読まれるようになる。ピュリタン的英文学者から大塚久雄に受け継がれ、いまなお支配的な読み方である。しかしこれではカトリック貿易圏を蚕食する新教勢力の動きや、そもそもロビンソンが農場主となるためカトリックに改宗したままであることは見えなくなってしまう。

原作におけるクルーソーの怪しげな動きを思い出そう。カトリックへの負い目を帯びたこだわりは随所にある。物語の冒頭には、カトリックにとどまったフランドル地方のダンケルク（Dunkirk 暗い教会）でスペイン軍と戦って死ぬ兄がいる。またザビエルと同じ十字を頭にもつジューリ（Xury）という少年が登場する。モロッコ海賊の基地サリーに捕われ奴隷となっていたクルーソーが脱出するときの同志であり、アフリカ沿岸の水先案内人となる黒人奴隷である。なんと！　ロビンソン＝ユダは、十字記号を頭にもつジューリを、キリストが売られた倍の「銀貨六〇枚」で、奴隷貿易をしていたポルトガル人船長に売り渡す。そのことを後悔するのは農場の労働力不足を歎く時でしかない。さらに、物語から消える謎の巨大な十字架がある。島でのサバイバルの初めにクルーソーは、海岸に大きな十字架を立て、毎日、刻み目を入れてカレンダーとするのだが、救出されたいという願望を、見つからないように隠れたいという欲望が覆い、食人種来襲のときも、反乱水夫との戦闘のときも、目立つはずの十字架はいつのまにか消えている。これを三文作家デフォーの注意力不足と片付けてはならない。クルスに発するクルーソーにとって十字シンボルは敬意を表して現れねばならないが、カトリック貿易圏を蚕食するイギリス野郎ロビンソンにとっては消えねばならないのだ。このねじれは、カトリック宣教師と信徒の殉教死を傍目に貿易に専念したオランダ商館員が十字架に向き合うときの負い目にも対応するだろう。さらに、オリノコ河口の島を再訪したクルーソーは、フランス人カトリック司祭と新旧合同の先住民改宗工作を行い、世界放浪に出かけ、マラッカ海峡を通って中国向け阿片貿易を行う。日本近海では、海賊船とまちがわれて逃げ回る。ロビンソンにその船を売ったオランダ人海賊の名は、Emanuel Clostershoven（神は我と共にあり　修道院の庭）である。ロビンソン物語は未だ解読されぬ宗教に絡む謎に満ちている。

たしかにロビンソン物語は十九世紀半ばまで翻訳されない。いかにも英語的な名前ロビンソンは幕末まで現れない。しかし、カトリックへの負い目をもった記号クルーソーはすでに入国し、潜んでいたのではないだろうか。江戸時代における隠れ十字の記号学を垣間見れば、十次郎ことクルーソーが身を潜めてサバイバルしていたことがわかる。屋根瓦、茶器、漆器、刀の鍔、石灯籠などに、キリストの十字シンボルは、古来の紋様に紛れ込んで存続した。文字では十、干、千、辻、父、井が、隠れ十字の記号として好まれ、口、田、區、〓も、十字の変形として読まれた。切支丹は墓に十月十日と刻まれることを好んだ。正統が異端を裁くような眼差しで見ないかぎり、これらもれっきとした十字記号である。上五島列島を中通島をクロスにしたロザリオとして見立てるのは、隠れ十字の記号学の伝統である。画像や文字記号だけではなく、音声記号にも十字（クロス）は隠れ表現された。漢字の訓読みから黒や玄に隠れるのである。キリスト教は蔑称としてクロ教と呼ばれた。「あいつはクロだ」という隠語にも通じる。ちなみに「ピンからキリまで」も、一（pinta）から十（cruz）までを意味する。色としての「黒」も隠れの媒体だった。島原の乱の鎮圧虐殺のあと、信徒たちは黒焦げの「焼銭」を探した。それは、焼かれ殉教した者を象徴し、黒く隠れる自分たちを表現したからだろう。クロスだけではない。丸い石はサンタ・マリヤ（丸や）、平らな石はサン・ヘイトロ（ペテロ）とみなされた。十の音を使いヨハネを現し隠す「寿庵」という名前が好まれ、七福人の寿老人、福禄寿も動員された可能性がある。神（デウス）は、仏僧から大嘘（ダイウソ）と揶揄されることもあったが、聖徳太子（馬小屋で生まれた！）を祀る太子信仰に隠れることができた。隠れ記号のとどめは徳利に描かれたサンタマリア記号。ひょっとしたら何も表現していないのかもしれない。

聖水入れ徳利（山=さん ⊕=た ◡=まる 人=や）と読める
（サンタマリヤ館蔵）

　ここには転び・隠れのパラドクスがある。現してはならないが、転び・隠れすぎると、消えてしまう。人目に付くところに仏壇や神棚を置き、別に隠れたところにマリア像を拝む平戸・生月の納戸神という隠れキリシタンの本尊がある。しかしこれはキリスト教の像なのか。西彼杵の外海では仏壇の観音像をそのままマリアの「お姿」と見立てる。もはや隠す必要すらなくなる。宮崎賢太郎によれば、平戸では「御神体が何であるかについては外部の者に対してはもちろんのこと、内部においてもかたく秘密が保持されてきた。神様がどこにあるかは仲間内でも教えない。また神様の名前もわからないという」。唐津に伝わる「タンタン石」は、サタンを拝んでいた！ これこそ究極の信仰ではないか。

切支丹は、どこかの寺に属する仏教徒であることを強制され、踏絵を踏まされた。殉教か背教の二者択一を迫られたことは事実であり、厳密に言えば隠れキリシタンは背教徒だが、その背教徒さえも絶えず迫害の対象となった時代だった。イノチガケはスバラシイ。しかし殉教の賛美は当時のカトリック神学の病理でしかない。顔を背けながら本当の信仰にこだわる遠藤周作は、背教者に共感しようとして共感できず、神の沈黙、日本＝泥沼説を出した。しかし泥沼に咲いた隠れ十字の記号学は、ロビンソンが西洋近代の顔をしてやってくる以前の、すでにクルサード（十字軍、貨幣）との関わりを脱色したクルーソーの、哀しげな、しかし分散しながらのしたたかなサバイバルを示すと同時に、日本における神の信仰の不思議な有り様を示しているのではないか。静かではあるが多様な声が聞こえる。

〈参照文献〉

D. Defoe; Robinson Crusoe, Oxford World's Classic
D. Defoe; Farther Adventures of Robinson Crusoe, AMS Press, vol. 2

D. Defoe; Serious Reflexions of Robinson Crusoe, AMS Press, vol. 3
J. Swift; Gulliver's Travels, Oxford World's Classic
ゲルト・ハインツ・モーア『西洋シンボル事典』八坂書房
マルコ・ポーロ『東方見聞録』東洋文庫
オドリコ『東洋旅行記』桃源社
J・マンデヴィル『東方旅行記』東洋文庫
『聖フランシスコ・デ・ザビエル書翰抄』岩波文庫
ヤコブス・デ・ヴォラギネ『黄金伝説』人文書院
ヴァリニャーノ『日本巡察記』東洋文庫
レオン・パジェス『日本切支丹宗門史』岩波文庫
フロイス『日本史』中公文庫
『カルヴァン小論集』岩波文庫
岩波大航海時代叢書　コロンブスほか『航海の記録』、ジョアン・ロドリーゲス『日本教会史』、リンスホーテン『東方案内記』
岩波日本思想体系『キリシタン書・排耶書』
新井白石『西洋紀聞』、『折りたく柴の記』岩波文庫
岡田章雄『日欧交渉と南蛮貿易』、『三浦按針』思文閣出版
幸徳秋水『基督抹殺論』岩波文庫
松原秀一『異教としてのキリスト教』平凡社ライブラリー
宮崎賢太郎『カクレキリシタン』長崎新聞新書
平田正範遺稿『天草隠れキリシタン宗門心得違い始末』サンタマリヤ館

橋口倫介『十字軍』岩波新書
松田毅一『南蛮太閤記』朝日文庫、『天正遣欧使節』講談社学術文庫
『黄金のゴア盛衰記』中公文庫、『キリシタン史実と美術』淡交社
彌永信美『幻想の東洋』、『歴史という牢獄』青土社
鈴木眞哉『鉄砲と日本人』ちくま文庫
永積洋子『平戸オランダ商館日記』講談社学術文庫
松田清『洋学史の書誌的研究』臨川書店
沼田次郎（編）『日本と西洋』平凡社
榎一雄（編）『西欧文明と東アジア』平凡社
黒田麹盧『漂荒紀事』京都大学学術出版会
横山由清『魯敏遜漂行紀略』丸井工務店
坂口安吾「イノチガケ」、「長崎チャンポン」ちくま文庫全集
遠藤周作『沈黙』新潮文庫

日本における自伝文学の受容とその展開
――アウグスティヌス、ルソー、トルストイと日本の私小説――

森　泰男

アウグスティヌス（354-430）
伝存する最古の肖像画。
（6世紀のフレスコ画）

はじめに

本書の主題は「神《ゴッド》と近代日本」である。この主題には、三つの言葉が含まれている。一つは「神」であり、それには「ゴッド」とルビが振られている。つまり、この「神」は一神教、特にキリスト教の「神」を意味しており、多神教の「神々」とは区別されている。そして、「神」の問題は「罪」（ツミ、英語の sin）の問題と同一である。換言すれば、神の存在によって、罪の認識と罪の赦しが問題となる。もし神が存在しなければ、罪は問題にならない。

もう一つは「近代」であり、それはまずヨーロッパに起こり、その影響は日本にも及んでいる。近代とは、一言でいえば、理性と科学の時代であり、ヒューマニズムの時代である。したがって、その時代においては、キリスト教的ヨーロッパにおいても、否、キリスト教的ヨーロッパにおいてこそ、「神」の問題は厳しく問われ、その結果、「神」の影は薄くなり、やがては消滅するものと思われた。しかし、歴史はそう簡単には進まず、第一次世界大戦後、さまざまの仕方で近代の問い直しが行われた。また、「神の消滅」も起こらず、逆に、一九七〇年代以降、世界各地で宗教復興運動が盛り上がっている。我々はこの「近代」をいかに総括すればよいのであろうか。

第三のものは「日本」である。一神教の「神」を持たない日本は、近代になって、「神」の代わりに「国家」あるいは「天皇」を中心に据えたのではないか。この「神」が日本の伝統に反し、絶対的な国家主義を産み出したのではないかと思われる。この意味において、我々は近代以前の日本と近代化を推進した明治以後の日本とを区別する必要がある。周知のように、わが国はキリスト教を除外しつつ、欧米の科学・技術を積極的に摂取してきた。そして、この上からの実利主義的ヨーロッパ受容による近代化は成功したといわれる。その際、我々はキリスト教をどのように評価し、それに接してきたのか。また、キリスト教はそのような日本独自の近代化政策をどのように評価し、それに接してきたのであろうか。

さて、本論の題は「日本における自伝文学の受容とその展開」である。この主題を論じるに当たり、まず最初に、イスラエル・キリスト教の伝統における自伝文学の成立について短く考察したい。古代イスラエルの歴史認識とユダヤ人ヨセフスの『自伝』に短く言及した後、『新約聖書』のパウロの自己証言を紹介する。

次に、ギリシャ・ローマの文献における「自伝」文学に注目したい。その中で、カエサルの『ガリア戦記』における記述法との対比において、ストア哲学者の自己省察の意義について考える。

第三に、アウグスティヌスにおける「自伝」文学の成立を少し詳しく紹介する。まず、「カッシキアクム対話篇」、特に、『ソリロクィア』との関係において、『告白』の問題について考察する。この「告白」という文学形式は、後代の作家たちによって模倣され、さまざまの『告白』が著されることになるからである。

そこで第四に、ルソーの『告白』とトルストイの『わが懺悔』を取り上げる。ルソーの『告白』とアウグスティヌスの『告白』の共通点と相違点は何か。また、なぜトルストイの『告白』は「懺悔」と訳されるのであろうか。

次に、ヨーロッパの自伝文学は日本の近代においてどのように受容され、変容されたのであろうか。わが国の文学には古くからさまざまの「日記」文学がある。平安朝文学はすぐれた「日記」文学の宝庫である。また、江戸時代にも、いろいろの学者が自伝をのこしている。日本人の自我は弱い、集団主義的である、とよく言われる。しかし、自伝文学の存在は、日本人の違った面をあらわしているのかも知れない。そのような文学的伝統の中にあって、日本人はヨーロッパと出合い、キリシタンの信仰と出合った。やがて、長い鎖国時代を経て、日本人は再びヨーロッパと出合った。今度は近代化を果たした後のヨーロッパであり、プロテスタントを中心とした近代のキリスト教であった。この流れの中で、我々はヨーロッパの「自伝」文学と出合い、それらを受容した。問題は、明治時代・大正時代の文学者は、アウグスティヌスの『告白』、ルソーの『告白』、トルストイの『わが懺悔』をどう読み、どのように理解したのであろうか。彼らはそれらの文学に著されている自我の問題をどのように受容し展開していったのであろうか。

最後に、日本の近代文学において大きな問題となっている「私小説」を、我々はどのように評価すればよいのであろうか。「私小説」の作家たちにとって、欧米の「自伝文学」はいかなる意味を持っていたのであろうか。ここで、我々が積極的に評価するのは内村鑑三か志賀直哉か、ということになる。それとの対比において、我々は戦後文学者たちにおけるキリスト教、あるいは、神《ゴッド》との格闘にも言及せざるをえないであろう。

一　「自伝」文学をめぐる問題の基本的枠組み

「私」(英語のＩ)は生きている。私という存在は日々成長し、やがて衰えていく。しかし、その変化の中にあって、「私」は「私」である。この「自己同一性《アイデンティティ》」は「主体」の持続を意味する。そして、私は生きながら考え、選択し、意志し、行為する。さらに、私は私自身を意識し、そのような仕方において私自身と関わる。私は自分自身に満足したり、恥ずかしく思ったりする。私は私自身を反省する。人間には、このような再帰的(reflexive)な構造がある。この円の中において、独り言《モノローグ》が呟かれ、自問自答が起こる。

この「私」は生きている。つまり、主体として行為している。ここに私の「歴史」がある。私の現在が私自身によって認識され、そこから私の過去が顧みられ、私の未来が考えられる。この次元をタテ軸とよぶことにする。この軸において、客観的な歴史が記され、第三者による伝記(『〜伝』)が書かれる。それと共に、自分が歩んだ人生を振り返るという仕方で、自伝が纏められる(『わが生涯』、『回想録』など)。

私は社会の中にその一員として生きている。家族・地域共同体・国家・世界との関わりにおいて、我々は生きている。この次元をヨコ軸とよぶことにする。私が日記をつけたり、自伝を書いたりするのは、読者を前提としているからである。誰にも見せないで破ってしまう予定の日記でも、少なくとも書き手自身には読み直そうという意図が認められる(備忘録としてであれ、省察の記録としてであれ)。更に言えば、書くという行為は客観的な文献を産み出す。それによって、書き手は読み手との関係の中に入る。要する

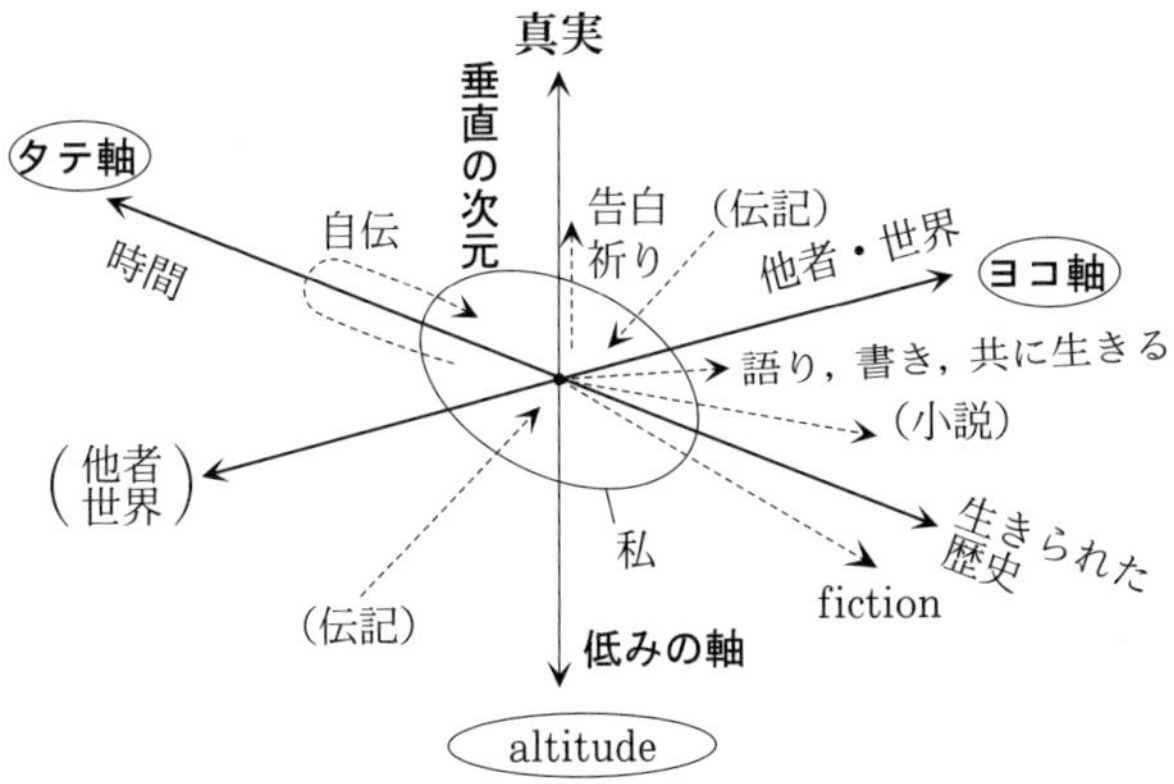

告白の基本的枠組み

に、書くことは優れて社会的な行為なのである。

さらに、この「書く」という行為は真実を語る、あるいはその逆に、真実に反すること（いわゆるウソ）を語る問題と関わる。私は心情を吐露する際に、「真」（ホントウのこと）を語りたいと思う。もちろん、その裏で、ホントウのことを隠すために、虚実をない混ぜにして作り上げられた（ficta）話を念入りに語ることもある。その意味において、ここで我々は垂直の次元に出合うのである。これを高み（あるいは、低み、いずれにせよ、ラテン語から来た英語でいえば、altitude）の軸とよぶことにする。我々は自己を語る時に、真実を語りたい、と思う一方、自分自身をさえ欺き、虚栄心などの自己防衛本能の働きによって、偽りを語ってしまう（foi mauvaise〔悪しき信仰、すなわち、自己欺瞞〕の問題）。それに対して、何か引っかかるものがある人はまだましであろう（「悪しき良心」すなわち、良心の呵責の問題）。もしかしたら、良心の呵責をまったく感じることもなく、ウソをつく人があるいはいるかも知れない。ところで、この次元において、欧米の人は神の存在を意識する。なんせ神はすべてをご存知なのである。ウソをつきとおせるはずがない。ウソをつきとおすために神を殺すか、それとも、神を認めその前で真実を語るか、そのいずれかしかありえないのである。

それに対して、我々日本人には、すべてを知っている神はいない。どうすれば、日本人はホントウのことを語ることができるのであろうか。神を否定しようとするヨーロッパ近代の人は神の代わりに何を用いて真実を保証しようとしているのであろうか。滝澤克己は「万人共通の低み」を情熱的に語る。そこではだれも自己を誇ったり、自己の業績の故に自己を人よりも高い位置に置くことができない。この共通の低みにおいて、我々は初めて真の自己を見出すのであり、そのような自己をありのままに語ることができる。ここにおいて、告白文学の地平が開けてくるのである。アウグスティヌスの「告白」は常に「神の前において」(coram Deo) なされる。神の前においては、ウソは通じないし、虚飾は無意味である。「良心」は問われ、心 (cor〔英語の heart に当たる〕) は不安になる。しかし、神ならぬ人の前では、自己欺瞞と虚栄が働く。我々近代人においては、読者の眼を意識して、自己を善く見せようという心理が働く。もし自己欺瞞を否定して、徹底的に真実を求めていけば、自死するしかないのではないか。事実、日本の近代文学史において、我々は自己を徹底的に見つめ真実を語ろうとした文学者が相次いで自死に追い込まれてしまったことを知っている。

文学は、自伝文学を含めて、仮構、あるいは、虚構を作り上げる。「実録」と銘打たれていても、文学が文学である限り、そこには何らかの虚構が必ず仕組まれている。しかし、その文学的虚構は白々しいウソであってはならない。その「虚構」には、まさに「リアリティー」（ホントウらしさ）がなければならない。一般的に、悪人を描く文学がリアルになるのに対して、善人を描く文学はウソっぽくなるといわれる。では、リアリティーのある自伝文学はいかにして可能か。日本の近代文学者はそのような自伝文学を産み出しえたのか。これが、本論における究極的な問いなのである。

二　イスラエル・ユダヤ教・キリスト教における歴史の捉え方と自伝の文学

『旧約聖書』はイスラエル民族の歴史を通して働く神の言葉を記したものである。そこでは、神の救いの歴史が強調されているが、しかしそれにも拘らず、イスラエルの民は常に神の言葉に背き、トラブルを引き起こす。イスラエルの歴史は失敗の連続であると共に、真実をもってイスラエルを導かれる神の救いの歴史でもある。イスラエルはしたがって、常に過去を振り返り、感謝と悔い改めをもって再出発する。彼らは常に歴史を語り直す。その中で、預言者たちは自己の召命体験を生き生きと述べている。たとえば、イザヤは「私」を主語にしてこう語っている。「ウジヤ王が死んだ年のことである。わたしは、高く天にある御座に主が座しておられるのを見た。〔中略〕彼（セラフィムのひとり）はわたしの口に火を触れさせて言った。『見よ、これがあなたの唇に触れたので／あなたのとがは取り去られ、罪は赦された。』……わたしは言った。『わたしがここにいます。わたしを遣わしてください。』」（イザヤ書六・一―一三参照）。この箇所には、預言者としてのイザヤの「私」が強く打ち出されている。預言者は王の権力にも屈しないし、民のわがままな要求にも流されなかった。ここに、強烈な「自己」が成立しているのである。

次に、『新約聖書』において、パウロは断片的な自伝を残している。「ガラテヤの信徒への手紙」において、パウロはこう記している、「あなたがたは、わたしがかつてユダヤ教徒としてどのようにふるまっていたかを聞いています。わたしは、徹底的に神の教会を迫害し、滅ぼそうとしていました。……しかし、……アラビアに退いて、そこから再びダマスコに戻ったのでした。……わたしがこのように書いていることは、神の御前で断言しますが、うそをついているのではありません」（一・一三―二四参照）。また、「フィリピの信徒への手紙」において、彼はこう記している、「わたしは……ヘブライ人の中のヘブライ人です。……熱心さの点では教会の迫害者、律法の義については非のうちどころのない者でした」（三・五―一四参照）。

さらに、ユダヤ人の歴史家フラヴィウス・ヨセフスの主著は『ユダヤ古代誌』であるが、これはまさに『旧約聖書』の歴史の復唱と改訂である。また彼は、自分の「裏切り」を非難するユストゥスに対して、『自伝』を著し、自己の立場について弁明した。

このように、イスラエル・ユダヤ教・キリスト教の伝統においては、はっきりとした歴史観と生き生きとした「自伝」が溢れているのである。

三　ギリシャ・ローマにおける歴史記述と自伝の文学

ギリシャ語の「ヒストリア」は「実際に起こった事柄を調査して、記録することによって書かれたもの」

である。ここでは、事実の究明が第一である。したがって、ギリシャの歴史は観察者の立場から書かれざるを得ない。歴史書の主語は「彼」あるいは「彼ら」である。ユリウス・カエサルの名著『ガリア戦記』は、元老院に対して自己の立場を弁明するという意図をもって書かれた。しかし、その主語はあくまでも「カエサル」である。彼は、ヨセフスとは違って、自己を主語に立てて露骨に自己弁明をすることができなかった。たとえば、『ガリア戦記』の初めの箇所において、カエサルはこう記している、「カエサルのもとに、この知らせ、つまりヘルヴェティィ族がローマの属州を通って行こうとしているという知らせが届くと、彼はただちに都を旅立ち、できるだけ道中を急いで、わが属州に向かい、ついでゲナヴァに到着する」（一・七）。

ソクラテスは著書を残さなかった。プラトンが書いた『ソクラテスの弁明』には、ソクラテスの言いたかったことが書き留められている。しかし、そこに描かれているのは、あくまでもプラトンのソクラテスである。ソクラテスは「善く生きること」を求めた。そのきっかけはデルフォイ神殿の神託であった。確かにそこには、自伝的要素が含まれている。しかしそこには、強烈な自我の主張は存在しない。

自己をみつめ、自己の在り方について省察をめぐらせたのは、ストアの哲学者たちである。中でも、エピクテートスの『語録』やマルクス・アウレリウスの『自省録』は有名である。マルクス・アウレリウスはローマ帝国の皇帝であると共に、或る意味において非政治的なストア哲学者でもあった。彼は『自省録』においてこう記している、「さて、私はといえば、学習をとおして摂取される精神の糧は持たぬが、理性《ロゴス》こそは忠実に堅持している者である」（四・三一）。そして、このストア派において「ソリロクィウム」という文学形式が活用されるのである。周知のように、ストア派の目指すものは「アパテイア」（心の不動）である。「不動」とは、自分自身では制御できない外界に左右されることなく、自律・自足の世界を自己の内に確保することである。その願いにも拘らず、心はしばしばいろいろのものに翻弄される。そこで、自分自身を見つめ、自己の在り方を問い直すことが必要である。「自省」が必要な所以である。このストア的「自己省察」は中世哲学者にとって大切な教えとなるのである。

四　アウグスティヌスにおける自伝文学の成立

アウグスティヌスは十九歳の時、キケロの「哲学入門」に当たる『ホルテンシウス』を読んで、出世の手段としての修辞学・雄弁術の修得を目指していた今までの方向性を放棄し、愛智《フィロソフィア》すなわち、真理の探究に生きることを決意した。キケロはアウグスティヌスに対して、自分自身で真理を探究するように勧めてくれた。その後の十年はまさに試行錯誤の連続であった。しかし、三八六年に、彼はついに「回心」を体験した。これは探究の終わりではなく、今後の進むべき方向が定まったということである。彼の主著『告白』はその出来事についての彼自身の説き明かしである。まさに本格的な自伝文学の登場である。

アウグスティヌスは、「回心」の直後に、それまでの精神的な苦闘による心身の疲れを癒し、「回心」の意味を突き詰めて考えるために、カッシキアクムにある友人の別荘を借りて、友人たちと共同生活をしながら、哲学的な対論を行った。アウグスティヌス自身がその議論を纏めたとされる「カッシキアクム対話篇」の一つに、『ソリロクィア』がある。それによると、「理性」が突然アウグスティヌスに語りかけてくることによって、両者の間で対論が始まった。これは「自問自答」以上のものであって、対話的側面を強く持っている。この理性はアウグスティヌスの理性ではあるが、真剣な対論を要求してくるので、馴れ合いを許さない。これは自己閉鎖的な「独り言《モノローグ》」ではない。その意味において、ここには垂直の次元が現れているといえよう。

さて、アウグスティヌスは哲学的共同生活を続けたいと願っていたにも拘らず、三九一年に、心ならずもヒッポ・レギウスの司祭に叙任され、説教と教会行政に従事するようになった。そして、三九六年には、司教に叙階された。司教アウグスティヌスの波瀾万丈の過去とドラマティックな回心のことを聞き及んでいる人々は、アウグスティヌスに対してそのことを語ってくれるように要請した。三九七年に、ミラノの司教アンブロシウスが死んだので、恩師を記念するために、アウグスティヌスは自らの前半生を語り明かすことを決意した。この「自伝」は大評判になり、アウグスティヌスの膨大な著作の中でも最高の著作になったのである。

それにしても、この著作は不思議な構成を持っている。全部で一三巻からなっているが、最後の三巻（第十一巻–第十三巻）は、彼の生涯と関係のない「創世記」の注解を展開している。また、第十巻は、回心後の状態について語るということではあるが、有名な記憶論を哲学的に述べているのである。その結果、残りの九巻（第一巻–第九巻）において、アウグスティヌスは自らのこれまでの歩みを述べているのである。この著作はなぜこのように複雑な構成になっているのであろうか。はたしてこのような著作を「自伝」とよんでよいのであろうか。

次に、この書のタイトルについて考えたい。この書は『告白』(*Confessiones*)と題されている。confiteriとは「公に申し述べる」という意味である。この「告白」は、日本語と同じく、目的語として「罪」、「信仰」などを取り得る。したがって、アウグスティヌスの「告白」は「罪の告白」であると共に、「信仰の告白」でもある。confessio(告白)というラテン語名詞は動詞confiteri(告白する)から来ている。

事実、アウグスティヌスは自らがかつて犯したさまざまの罪と悪を告白している。そこで、この書はかつて『懺悔録』と訳されたことがある。しかし、それ以上に、本書においては「回心」によって魂の平安に達したアウグスティヌスの姿が美しく描かれており、本書全体に、神に対する讃美と感謝が溢れている。そのことに気づいた人々は本書の題名を『讃美録』としたのである。しかし今日では、罪の告白としての懺悔、信仰の告白、神に対する感謝と讃美などをすべて含んで『告白』とよんでいる。

さらに、本書において、アウグスティヌスは第一人称で「私は~した」と自分の過去を語っている。語りかける相手は「神」である。したがって、本書は神に対する告白である。神の前での語りである限り、アウグスティヌスは何も隠したり、ごまかしたりできない。ただひたすら真実を語ろうと努めるしかない。それにも拘らず、この神への告白は密室における祈りではない。アウグスティヌスの告白は文字に記され、読者に提供されている。彼は、本書において自らの真実を語り明かすことによって、読者を共通の告白へと招いているのである。『告白』の冒頭において、アウグスティヌスは次のように述べている。

「偉大なるかな、主よ。まことにほむべきかな。あなたの力は大きく、その智恵ははかりしれない。しかも人間は、小さいながらもあなたの被造物の一つの分として、あなたをたたえようとします。それは、おのが死の性《さが》を身に負い、おのが罪のしるし……を身に負うてさまよう人間です。〔中略〕あなたは私たちを、ご自身にむけてお造りになりました。ですから私たちの心は、あなたのうちに憩うまで、安らぎを得ることができないのです。」（一・一・一）

我々はこのような構成と形式を持っている『告白』を「自伝」とよぶことができるであろうか。確かに、本書全体を見れば、これを単純に「自伝」とよぶことはできない。しかしそれにも拘らず、本書に自伝の側面があることは否定できない。問題はその「自伝」の側面と自伝ではない側面との関係を明らかにすることであり、本書の「自伝」の性格を見定めることである。

アウグスティヌスはその後も多くの手紙を書き、説教の中で自らを語っている。これらの史料にも、自伝的要素を認めることができよう。

アウグスティヌスの『告白』は後世の人々に大きな感化を与えた。本格的な「告白」文学は本書と共にはじまったのであり、ユニークな性格を持つ本書はその後の「自伝」文学の祖型となったのである。多くの作品の中で、ペトラルカの「告白」を典型的な事例として挙げておきたい。

五　ルソーにおける『告白』の問題

世界の三大「告白」文学は、アウグスティヌスの『告白』とルソーの『告白』とトルストイの『わが告白』であるといわれる。そのうち最もよく読まれているのは、ルソーの『告白』であろう。ルソーは十八世紀の偉大な思想家である。ジュネーヴの生まれであるが、宗教改革者カルヴァンの都市ジュネーヴには安住できず、カルヴァンとは別の道を行くしかなかった。カルヴァンは、同じく宗教改革者のルターと共に、アウグスティヌスの思想をそれぞれの仕方で色濃く受け継いでいる。その意味において、ルソーはアウグスティヌスと対決する必要があった。

それでは早速、ルソーの『告白』の特色を明らかにしたい。まず、ルソーの『告白』には、語りかけるべき神がいない。そうすると、問題は、神なしで、彼において真実の告白が成り立つか否か、である。近代人ルソーは、自己の真実を神なしに遂行しようとしている。確かに、その告白には誠実さが認められる。しかしそこには、近代人ルソーの自己顕示欲が同時に働いていないかどうかよく検証しなければならない。自分に対する非難や中傷に対して、ルソーは真実を語ることによって応えようとしている。ルソーは本書の冒頭において次のように述べている。

「これこそは自然のままに、まったく真実のままに正確に描かれた唯一の人間像、このようなものは、かつてなく、また今後もおそらくないであろう。わたしの運命あるいはわたしの信頼が、この草稿の処置をゆだねたあなたが誰であろうとも、わたしは自分の不幸とあなたの真心にかけて、また人類の名において、この類例なく、また有用な作品を闇に葬ってしまわぬようにお願いする。これは、確かにこれから開始しなければならぬ人間研究にとって最初の対照書類として役立ちうるものである。」(第一部序言)

また、ルソーはそのすぐ後の箇所において、最後の審判を引き合いに出しつつ次のように述べている。

「最後の審判のラッパはいつでも鳴るがいい。わたしはこの書物を手にして最高の審判者の前に出て行こう。高らかにこう言うつもりだ――これがわたしのしたこと、わたしの考えたこと、わたしのありのままの姿です。よいこともわるいことも、おなじように率直にいいました。〔中略〕永遠の存在よ、わたしのまわりに、数かぎりないわたしと同じ人間を集めてください。わたしの告白を彼らが聞くがいいのです。」(一・一・三)

ルソーがこの箇所において神を引き合いに出すのは、ルソーの自負の現れであって、神抜きの告白であることに変わりはない。神なしでも、真実の告白をするという中心は守っている。もちろんその中心を垂直の次元とよぶことは適当ではない。むしろ私という回転軸の周りにできる円周という方が適切であろう。

そして本書では、読者に対する挑戦的な語りかけが随所に見られる。

さて、岩波文庫の索引によれば、アウグスティヌスに対する言及は一箇所しかない。若い時、カトリックの宗教教育を受けさせられたが、ルソーはそれに反発し、その教えに異を唱えた。その時、若い雄弁な神父がルソーを何とか説得しようとしてアウグスティヌスやグレゴリウスなどの教父に言及したことについて触れて、次のように述べている。

「相手（若い教師）は聖アウグスティヌスや聖グレゴリウスやその他の神父［教父のこと］を引いて、わたしをおさえることができると思ったらしい。ところが、わたしがそういう神父［教父］達を彼に劣らず気軽に扱うのを見て、彼はすっかり驚いた。こういう人々の著書を読んでいたわけではないが、相手もおそらくそうだろう。」（一・二・九）

ここには、近代人ルソーの強烈な自我が現れているといわざるを得ない。

六　トルストイの『わが懺悔』の独自性

トルストイは十九世紀のロシアを代表する大文学者である。彼のキリスト教理解はもっぱら『新約聖書』の「マタイによる福音書」に纏められている「山上の教え」を典拠としている。彼の思想には、平和主義

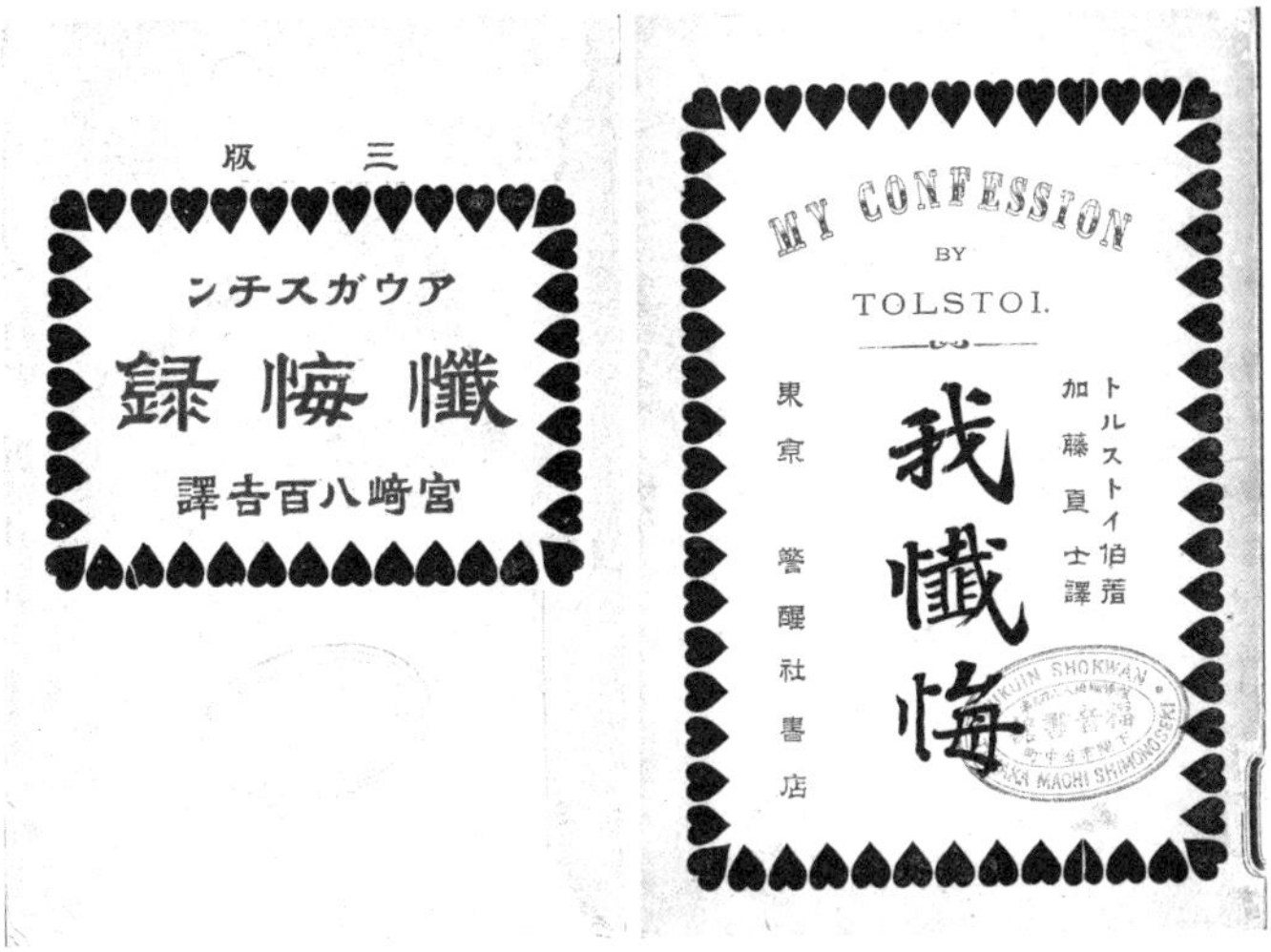

（左）アウグスティヌス『告白』　　（右）トルストイ『わが懺悔』
警醒社版（1895年）　　（1902年）
同じような装丁であることに注目。

と共に、理想主義が顕著である。トルストイが信じるキリスト教はロシア正教である。これは西欧の近代的キリスト教とは対蹠的である。すなわち、合理的であるよりも、神秘的・霊的である。そのために、ロシアの近代化を求める人々の中には、ロシア正教を離れてカトリシズムに移り、やがて無神論的近代主義に走る者が現れた。若きトルストイはまさにそのような人の一人であった。しかしやがて、トルストイはロシア正教に立ち戻ることができた。このような離反と復帰をテーマとして、トルストイの『わが懺悔』は書かれたのである。その冒頭の箇所において、彼は次のように記している。

「私はギリシャ正教の信仰に従って、洗礼を受け、教育を施された。……しかし、それにも拘らず、十八歳の折に大学を退いた時には、私はそれまでに教え込まれたすべての信仰を放棄してしまった。自分が今、回想し得るところによって判断すると、私はいまだかつて真摯な信仰を持つことができなかった。それは、私の教師や年長者たちが抱くところを基礎として、この教義に一種の信用を持ったというほどのものであって、しかもその信用も極めて確乎とした根底のあるものではなかった。」（一節）

トルストイはこのような事情の故に、幼い時の信仰を失い、さんざん彷徨った挙句に、再びギリシャ正教の信仰に復帰した、という。その間のいきさつについて述べたのが、本書である。その限り、本書も「回心」への道筋を述べた半生記である。トルストイは、本書の続編を書き、ギリシャ（ロシア）正教の信仰を体系的に述べるつもりであった。その続編は書かれなかったが、本書の中に既にその要点は示されている。その点において、本書はアウグスティヌスの『告白』よりも、教理的である。

トルストイの信仰は、ドストエフスキーとは違って、主として「マタイによる福音書」の「山上の教え」（第五章—第七章）に基づくものである。その意味において、トルストイの信仰は理論的であるよりも、むしろキリスト教的愛を敬虔に生きようとするものである。本書の「告白」はロシア正教の教義の解き明かしを目指しているので、「自伝」的要素は少ない。したがって、トルストイの生涯のことはむしろ『幼年時代』、『少年時代』、『青年時代』の三部作においてより詳しく述べられているといえよう。

ロシアの文豪トルストイの平和主義と愛の実践の訴えは、多くの人々の共感を呼んだ。彼の「告白」（「懺悔」）は誠実なものではあるが、ドストエフスキーの文学に認められるような凄みには、欠けている。

トルストイが本書において繰り返し言及するのは、ソクラテス、ショーペンハウアー、『旧約聖書』の「コヘレトの言葉」と釈迦である。その他、デカルトとカントの名前も挙げられている。この点に関していえば、トルストイもやはり十九世紀の知識人なのである。

七　日本における「告白」文学の受容

それでは、明治時代以降の日本人は、ヨーロッパの三大「告白」文学をいかに受容したのであろうか。まずアウグスティヌスの『告白』であるが、キリスト教徒（たとえば、無教会関係のキリスト者）の間ではかなり早くから読まれてきた。内村鑑三は『余は如何にして基督信徒となりし乎』において、自らの信仰への歩みを纏めている。これは日本人によって書かれた、優れた「自伝」である。そして、その弟の内村達三郎はアウグスティヌスの『告白』を翻訳・出版している。さらに、矢内原忠雄は「土曜学校」において、ダンテの『神曲』やミルトンの『失楽園』などとともに、アウグスティヌスの『告白』を講義しているのである。

このような例によって明らかなように、アウグスティヌスの『告白』は、キリスト教徒の間では、ピュリタニズムの文学と同じように、「罪人の回心」の物語としてデヴォーショナルに読まれてきたといえよう。そこでは、アウグスティヌスの「自伝」に対する関心と彼の「愛智・学問」についての哲学的研究とは必ずしも結び付いてはいなかった。

それでは、アウグスティヌスの『告白』は明治時代以降の文学者にいかなる影響を与えたのであろうか。『告白』における優れた「人間研究」は、近代文学の形成にいささかなりとも貢献したのであろうか。その優れた事例はやはり内村鑑三であろう。内村は日本人には珍しい強烈な自己を確立していったが、ニューイングランドのピュリタニズムが彼の人格形成に大きく貢献している。そして私見によれば、その背後において、宗教改革者ルター、カルヴァンと古代の教父アウグスティヌスが影響を与えたのである。しかし、内村鑑三の強力なインパクト（衝迫力）を充分に受け継ぐ文学者はいなかった。志賀直哉は近代文学の代表的な作家である。彼は若い時に内村に出会い、その教えを受けたのであるが、しかし彼はやがて内村とは疎遠になっている。内村鑑三の子どもとの偶然的な出会いをきっかけにして、内村鑑三との関係を過去のエピソードとして回想している。大正時代において展開されたいわゆる「私小説」の作家たちは、アウグスティヌスの「告白」文学の世界からは遠く離れて立っているのである。その意味においては、アウグスティヌスの「告白」文学は、無教会派などのキリスト教徒を除けば、本格的には受容されていないといわねばならない。アウグスティヌスの「告白する私」は日本人一般の自我形成にはあまり貢献していない。「受容と展開」というよりも、「遭遇とすれ違い」といった方がこの事態をより正確に言い表しているのかも知れない。

しかしながら、優れた近代文学者は自己を振り返って見る時、自らの内にある苦悩、悪、デカダンスなどに気づき、その問題と悪戦苦闘し、次々に敗れ去ったといえるのではなかろうか。最も優れた作家たちが、自我の形成と自己の内にある悪の存在に苦しみ、敗れ去ったのが近代文学の歴史ではなかったかと思われる。芥川龍之介や太宰治の死をどう受け止めるか。その死を超える道はどこにあるのか。近代文学史はキリスト教の受容と離反あるいは脱却あるいはさらにいえば変容の歴史である。

アウグスティヌスと比べれば、ルソーの『告白』ははるかに広く読まれ、近代的自我の形成に貢献したといえる。桑原武夫はルソーを「西洋における近代自叙伝の開祖であり、告白文学の最初の傑作」と賞賛している。事実『告白』は、『エミール』等と共に、青年たちの愛読書であったといえよう。しかし、ルソーの強烈な生き方がどれだけ日本人の自我形成に寄与したか疑問なしとしない。我々日本人はずっと共同体の中で生きてきた。そのような生き方を改めない限り、強烈な自我は育たず、たまたま現れてきた自我は社会から排除されてしまうように思われる。その意味において、我々はルソーをまだ充分に受容できてはいないのである。受容のないところには、展開もない。ルソーはいまだ未来に属している。ルソーは今日もコツコツと読まれているので、将来においては、ルソーの本格的な受容と展開が起こるかもしれないからである。

トルストイの生き方は純粋で美しく、理想的と思われた。その平和主義は多くの日本人の憧れの的であった。特に、大正時代にはそうだったのではないか。有島武郎はトルストイの農奴解放に倣って自らの土地を開放し、北海道に新天地を拓こうとした。また、徳富蘆花はわざわざトルストイを訪ねてロシアに行っている。しかし、理想主義的な試みは厳しい現実の厚い壁の前に行き詰まってしまう。また、トルストイの道徳主義的キリスト教観は、現実のどす黒い悪の前には無力に陥らざるをえないように思われる。さらに、トルストイの信じるロシア正教は、我々日本人にとって、一層なじみのないものである。その意味において、トルストイの受容はロマンチックなものにとどまり、日本人的自我の変革を産み出すまでには深まらなかったといわねばならない。トルストイの「受容と展開」ではなく、トルストイへの「憧れと立ち消え」が起こったのである。

八　日本の私小説の問題

日本の近代文学、特に大正時代の文学において、私小説は大きくて深刻な問題である。確かに、自分を正直に見つめ、人間（自己）の悪を描くことは大切である。しかし、その自己省察には神がいないので、救いが出てこない。救いのない現実の中で自己をごまかさないで悪を徹底的に凝視すれば、行き着く先は明らかである。もちろん、人間の悪を描くという作業には、自分自身の外に立つという側面がなければならない。書くという行為によって、辛うじて生に踏みとどまるということも可能である。しかし現実には、書くという作業によって、かえって問題から眼をそらせなくなるという側面もある。その時には、よけい危ないのである。

さて、一般に文学は悪を描き、ユダを描くという。その行き着く先は地獄であるという。しかし、地獄を破る復活は語らないということになると、自己防衛のために、何らかの自己欺瞞が必要になる。しかし、それはかえって文学の質を悪くする。戦後文学はそのアポリアを何とか超えようと悪戦苦闘し、或る成果を獲得したといえるのではなかろうか。ドストエフスキーの文学は黒々とした悪を描きながら、同時に凄い人物（ソーニャやゾシマ長老など）や愛すべき人（たとえば、マルメラードフやスチェパンスキーなど）を生き生きとリアルに描いたのである。

次に、日本の私小説には、自我の強烈な主張が欠けているように思われる。また、私が主体的に生きて自己の変革を遂げるという歴史の側面が弱いのではないか。本当の自伝は書かれたのであろうか。政治家や有名人の『自伝』はいろいろあるが、どうであろうか。鹿野政直の『近代日本思想案内』によれば、福澤諭吉の『福翁自伝』と河上肇の『自叙伝』が日本の自伝の二大傑作である、とのことである。自伝と私小説の関係は大きな問題である。

さらに、日本の私小説の大家は志賀直哉であるが、彼の小説にはタテ（歴史）の軸がしっかりと据えられているであろうか。どうもその点が弱いように思う。また、その文学には、ヨコ（自己と自己の外の世界との関係）の軸もはっきりしていないように思われる。その結果、私小説と社会小説の分裂と対立が生まれてしまっているのではないか。

九　結びに代えて

我々は最初に、ヨーロッパの「告白」文学から始めて近代の「自伝」文学について概観した。我々は次に、日本人の精神構造、特に自我の形成の問題点について大胆な、余りにも大胆な考えを提示してきた。その自我の弱さは「私小説」という近代日本特有の文学を産み出した。近代日本人の自我は、多くの作家において、私小説の枠の中に収まってしまっている。しかし我々は、今こそ自我の目覚めと自己の確立を図るべき時であると考える。安易に協調を語らない方がよい。このように主張している我々ではあるが、強烈な自我の持ち主が目の前に現れたならば、きっと辟易することであろう。しかし、我々はそれに耐え、慣れて、それを普通のことにしていかねばならない。

周知のように、若い時にキリスト教を受容した近代文学者の多くは、やがてその信仰を放棄した。また、キリスト教にとどまっている者も、自覚的に、あるいは無自覚的にその信仰を変容させてきた。第二次世界大戦中のいわゆる「日本的キリスト教」はその典型である。石原謙は「キリスト教の起源と展開」を論じた。それに対して、武田清子の『土着と背教』は近代日本におけるキリスト教の受容と変容（あるいは、変質）の研究である。

本論のタイトルは「日本における自伝文学の受容とその展開」である。私としては、受容の実態を明らかにすると共に、受容された思想、特に「自伝」文学に現れた自己認識と他者理解が近代日本においてどのように展開したのか、を追いかけてみたいと考えて努力して見た。アウグスティヌスに始まる「告白」文学、そしてそれを受けて展開されたヨーロッパ近代の「自伝」文学は近代日本人の自我形成にいかに貢献したか、その積極的な貢献と創造的な受容を少しでも見つけたいと願い、「変質」と共に「展開」を、砂中の真珠を探すようにして捜し求めてきた。確かに、その積極的な展開は戦後の「キリスト教文学」に認められる。しかし私としては、私小説華やかなりし時代の只中にその胎動を感じ取りたい。その意味において、例外視してきた内村鑑三に注目せざるを得ない。評論家の富岡幸一郎は、カール・バルトとの繋がりにおいて、内村鑑三を中心軸に据えて、近代日本とキリスト教を興味深く論じている。そのパースペクティヴは重要である。しかし、そのあたりの掘り起こしは今後の課題としなければならない。

〈参考文献〉

アウグスティヌス『告白』（中央公論社、世界の名著）
ルソー『告白』（岩波文庫）
トルストイ『我懺悔』（警醒社書店）
内村鑑三『余は如何にして基督信徒となりし乎』（岩波文庫）
志賀直哉「内村鑑三先生の想ひ出」（『近代日本キリスト教文学全集』第六巻［教文館］所収）
ウィリアム・C・スペンジマン『自伝のかたち――文学ジャンル史における出来事』（法政大学出版局、叢書・ウニベルシタス）
工藤直太郎『ヨーロッパ懺悔録』（早稲田大学出版部）
中川久定『自伝の文学―ルソーとスタンダール―』（岩波新書）
中野好夫『伝記文学の面白さ』（岩波書店、同時代ライブラリー）
佐伯彰一『近代日本の自伝』（中公文庫）
小林秀雄「私小説論」（『小林秀雄全集』第三巻［新潮社］所収）
勝山　功『大正・私小説論』（明治書院）

イロニーの神学
――トーマス・マンの「ヨセフ物語」とその近代性――

赤尾美秀

1933年『ヤコブ物語』出版の頃の写真

一　近代日本文学のマン受容

トーマス・マン（一八七五―一九五五、明治八年～昭和三十年）は、近代以降の日本において最もその名が知られた海外作家のうちのひとりである。すでに明治の末にそのいくつかの短編の翻訳[1]とともに簡単な紹介がなされていたが、第二次大戦後の数年をピークとして一九六〇年代頃までは、マンの文学は文壇やジャーナリズムでも問題にされ、はじめはその思想や政治性が、のちにはその芸術性が活発な議論の対象となったことがあった。その後、エッセイや評論もふくめてマンのほとんどの著作が翻訳されている。しかし最近、とくに一九七〇年代以降は、マンは一般の文芸批評や読書界の話題になるよりは、もっぱら大学において、最も多く研究されるドイツ文学作家のひとりとなってしまったようである。ドイツ（とスイス）においては、長く封印された日記の開封（一九七五年）をはじめとして、手紙やメモや手稿の公開・出版はさかんであり、それらはちょっとしたスキャンダルも含めて話題となっているが、わが国では一般の読者層の関心の対象となることは少ない。

明治以降に西欧の芸術・文化が日本の知識人や文人によって学ばれ移入されながら近代文学が形成されてゆく過程において、マンが日本文学に対して及ぼしてきた影響は、実際に大きかったかどうか、またどのように評価すべきかは別として、受け入れられたその都度の時局に応じてさまざまな様相を示している。しかしあえてマンの文学が果たした役割を一言でいえば、日本の伝統に対する西欧の近代性を認識させたことであろう。マンは多くの場合、西洋文学の特質、つまりその観念性や二元論、さらにはイロニーやヒューマニズムなど、日本文学とは対蹠的なダイナミックな特質を具現した代表者として受容されたようである。

マンを読むことによって西欧を認識したことを告白する日本の作家は少なくない。戦後の世代にかぎって例を挙げれば、三島由紀夫、北杜夫、辻邦生がそうした作家の代表であろう。この三者三様のトーマス・マン受容については、大学の紀要などで、すでにいくつかの論文により十分紹介されているので、ここでは詳述を控えるが、いずれもマンに対しては、ドイツ文学だけでなくほとんど西洋文学を代表する特徴的な存在として、特別の尊敬ないし憧れの念を抱いて、これを受容しようとした文学者である。戦前のマンの、幾分アカデミックで冷ややかな、しかし好奇心のなくもない紹介の段階においては、マンの文学は日本文学とはあまりにも対蹠的であり、簡単には手本にすることのできない異質なものとして留まる場合もあったが、この三人の近代的文学者にとってはマンの文学、少なくともその特徴は理解し易いものであったに違いない。

三島由紀夫にとってマンの文学は、批判やときに嫌悪の対象であった日本文学的風土を克服しようとするとき、ひとつの拠り所となる芸術的模範でもあった。「日本人というのは、二元論というのは嫌いですから（…）西欧的二元論の影響をはじめて受けたのは、ぼくは、マンを通じてだと思うのです(2)」というのが自決の年の告白である。三島は大いに自信をもってその文体や様式を模倣したのであるが、それに飽き足らず、肉体の改造と完成（ないし破壊）という自らの芸術化の物語を実行したことは、客観的にはいかに馬鹿らしくとも、少なくとも本人にとっては（林進氏の表現を借用すれば）「肉体と精神の乖離」した「近代」の超克の意味をもっていたのかもしれない。[3]

しかし観念論的な三島由紀夫とはまったく別の意味で、芸術至上主義的な面のあった辻邦生の場合は、マンの作品は高尚なごちそうであった。日本人にとって異質なこの美食を十分消化するまで自分の芸術に取り入れようとする謙虚かつ貪欲な試みとして、辻邦生はパリでマンの処女長編『ブッデンブローク家の人々』の構造を徹底的に分析し、小説形式の美学的問題を研究した。[4]そして、やはりその際に原動力となっていたのは「なぜ西欧の小説に比べて、日本のそれは平面的であり」あいまいであるかという反省であった。これもまた三島とは別の形の、近代芸術家としての自己を確証しようとする意識である。

北杜夫の場合は、マンの二元論的なイロニーから生まれるユーモアにたいして大いなる愛情を注いでいた。北杜夫はのちに『トーニオ・クレーガー』におけるイロニーについて、自分はそれを「距離」ではなく「密着」として受け入れたと告白しているが、この場合、マンの様式を三島のように意識して強引に受容するというよりは、これを日本人である自分の作風にできるだけ近いものとみなし、それにややひとりよがりの共感を寄せるという、消極的な文学愛好家気質の面があることは否定できないかもしれない。しかしそれでも、日本的リアリズムとは別のところで成立する北杜夫の叙情性[5]もまた、近代以降の新しい文学の特質のひとつといえるであろう。[6]

近代日本におけるトーマス・マン受容の歴史において特徴的なことのひとつに、マンの作品のなかでは『魔の山』（一九二四年完成）以前の前期のものが比較的好まれるという事実がある。上に触れた三人の作家においても共通して、芸術と人生の問題性を示す『トーニオ・クレーガー』と、現代小説の典型としての

『魔の山』への大いなる共感があり、その他『ブッデンブローク家の人々』と初期短編への言及が目立って多いが、これはわが国の一般読者の愛好の傾向とも共通しているところである。(7) マンの日本語翻訳の歴史における最初の画期的な出来事は、昭和二年に岩波書店から実吉捷郎訳の『トオマス・マン短篇集』と『トニオ・クレエゲル』が出版されたことであろう。これらは現在もなお再版され続けている。これらにヴィスコンティの映画化によってさらにポピュラリティーを得た『ヴェニスに死す』を加えると、わが国でよく読まれてきたマン作品がほぼ挙げられたことになる。

他方、日本のドイツ文学の学会資料で検索すると、大学の紀要などで研究対象とされる頻度については、後期の『ファウストゥス博士』が『魔の山』と並んでトップの地位にあり、これに中期の『ヨセフとその兄弟』が続くことがわかる。(8) これらがよく研究されている理由は、理論的な問題やテーマを設定し易いからであろう。『ファウストゥス博士』においては中世から現代にかけてのドイツの歴史や音楽学、『ヨセフ』においては旧約聖書や古代史や神話学が素材となっている。しかし、そうした西洋の過去の歴史や伝統は一般の日本人には、身近でなく親しみ難いところである。ただし『ファウストゥス博士』については、ドイツの精神史とナチズムに関するモニュメンタルな文学作品の一例として、政治と文学の議論において引き合いに出されることもあったが、『ヨセフとその兄弟』が宗教や考古学に関する分野で問題にされることは、わが国においてはあまりなかったといえる。日本の文学者が西洋文学に求めがちだった近代社会の芸術と人生の問題は、この神話小説には直接反映していないように見られたり、また形而上学的な小説として、その構造がいたずらに複雑で難解であると受け取られたこともあった。「この作品は後世にとっては、すぐに埃をかぶってしまう、好事家のための珍品、はかなく忘れ去られる無常の餌食にすぎないのであろうか」（十一－六八〇）[9]という作者の完成直後の言葉が、異文化受容の問題として思い起こされるのである。

さて本論が紹介しようとするのは、マンの代表作のなかで、近代日本文学への影響が比較的小さいと思われる『ヨセフとその兄弟』である。「神（der Gott）の探究」をテーマとするこの作品について、聖書との比較・対照を通じて、その近代性を指摘することは、西洋の「神」と近代日本の関係を新たに見直すための、ひとつのきっかけともなるであろう。ここでは直接「近代日本」論を展開する余裕はないが、超越的な「神」への信仰が、二元論的思考と同様、そのままでは日本人のメンタリティーに合わないという問題は、近代文学の宗教的テーマのひとつであった。結論を先取りして言えば、これに対して、マンのヨセフ小説のいわゆる疑似神学においては、神の絶対性はたえずイロニーによる相対化を被る。このイロニーと宗教性の結びつきは、マンの人間主義に基づいているのである。

二　作品の成立と普及

二十世紀を代表するドイツの文豪トーマス・マンについては紹介を略するが、『ヨセフとその兄弟』についてはその成立や影響史について略記しておきたい。この作品は四部からなる長篇小説である。一九二四年頃ミュンヘン在住のマンは、宗教史をテーマにした短編小説の連作のひとつとして「ヨセフ小説」を構想していたが、一九二六年十二月にはこれをヨセフの父ヤコブにも重点を置いた長編として執筆を開始し、ノーベル賞受賞の翌年の一九三〇年には『ヤコブ物語』を書き上げ、また同年エジプトとパレスチナに視察旅行に出ている。『若いヨセフ』は一九三二年に完成し、続いて『エジプトのヨセフ』が執筆開始されたが、ナチ政権獲得の一九三三年にチューリヒ近郊に亡命したマンは、同年『ヤコブ物語』を、翌年『若いヨセフ』をやむなく単独の本としてベルリンで出版した。一九三四年と三五年の二度のアメリカ旅行を挟んで『エジプトのヨセフ』は一九三六年に完成し、ドイツ国内ではなくオーストリア併合以前のウィーンで出版された。マンは一九三八年にアメリカへ移住し、第四部『養う人ヨセフ』は、ゲーテを扱った小説『ワイマルのロッテ』など他の仕事のために執筆を延期されたのち、一九四〇年から一九四三年にカリフォルニアで書き上げられた。全巻は激動の時代の十八年間の歳月とともに成立したのである。

ドイツではヨセフ小説は、作者の亡命と政治的な激動の時代状況のなかで、出版がさまたげられていたので、この作品が普及するのは、ようやく第二次大戦後のことであった。しかしそのあとこの作品への関心はさほど高くなく、文学批評や文芸学においても、作品への理解は十分ではなかった。たとえば、東ドイツの社会的リアリズムの文学批評においては、この神話的な作品は積極的な評価を避けられ、また西ドイツでは戦後、教会の側からは、この作品は信仰の解体であり「キリスト教の相対化」（十一―二四〇）であると感じられて、終始一貫して拒否されることが多かった。こうした傾向は、その後ながく尾を引いているといえるが、ようやく一九六〇年代には、この作品について、時代史的なものや神学的なもの[10]も含めて、まとまった研究が目立ちはじめ、九〇年代から現在まで主要な研究論文の数は増加の傾向を示している。[11] この作品は、ポストモダン時代にうってつけの研究材料になるので、マンの主要作の地位を獲得するかもしれない、というやや空しい期待もあった。[12] しかしアカデミックな研究の対象としての地位はともかく、『ヨセフ』が一般読者層のあいだで『ブッデンブローク家の人々』や『魔の山』のように愛読されることは、考えにくいところである。

三　ナレーションの精神

この作品は主として旧約聖書の「創世記」に記録されたところを素材とした物語である。近代小説家はオリジナルのストーリーの創作を好むことがあるが、もはやマンはそうではなく、ヤコブやヨセフに関する伝承をそのままプロットとして利用している。これはパロディ作品でもある。すでにゲーテは聖書のヨセフのエピソードについて「すべての個々の部分に手を加えて仕上げてみようという誘惑を感じる」[13] と書いているが、これこそマンが執筆にあたってモットーとした言葉であった。しかし二十世紀の小説家のマンにとって重要なことは、単なる詳細な対象の描写に終始する十九世紀的リアリズムの長編を書くことではなかった。たしかにマンのヨセフ小説は、リアリズム小説として読めるところがある（これは普通に読んで面白い作品である、としきりに強調されることもある）。しかしそれはさておき、マンにとってはむしろ、物語が実際に起こったことであるかのように、あらゆるディテールを徹底的に検討しつくす過程のほうが、主たる目的なのであった。語り手は近代小説に許されるかぎりの手段を総動員して、まるでノンフィクションのような議論を展開する。逆説的な言い方をすれば、短い記述を大長編小説へと膨れ上がらせることとそれ自体が、マンには楽しく、それが作品の実質的な内容なのである。「『芸術家よ、造形せよ、語るなかれ！[14]』という言葉は、この場合には例外として当てはまらない」（十一―六五五）とマンはゲーテを意識しながら言う。つまり大事なのは造形ではなく語りである。聖書を題材としたリアリズム小説を書くのが作者の目的なのではない。そうではなくナレーション（Erzählung）が、この小説の本質である。芸術作品としてのヨセフ物語は、強い推進力でもって言葉をつぎつぎに繰り出してゆくナレーションによって造形されてゆくのである。

　そしてマンは、こうして物語の世界を創造してゆく主体を「ナレーションの精神[15]」と呼び、これを「神」に等しい絶対者とみなしていることを、ここで指摘しておきたい。なぜ神かといえば、ナレーターは語られる対象に対して超越的だからである。ナレーターはそれが語るところのものから距離をおいてそれを支配する。しかも言葉を自在に選ぶことによって、どんな対象をも、どのようにも産出することができる。言葉で語るところのものは、言葉で語られるものとは、テクストの上では同一の言葉である。したがって、語られる物語作品という自らの存在から超越するところのナレーターは、存在を持たない「無」でもある。これはイロニーである。自分自身である物語から（イロニーの）距離をおいて、それと超越的に関係するものは、被造物ではなく、創造主すなわち神である。かくしてマンは物語を物質的世界ないし神の肉体とみなし、神を物語の精神とみなすのである。ナレーターと物語の関係は、神とその世界の関係である。これはもちろん冗談半分ではあるが、この物語論と神学との形而上学的アナロジーは、『養う人ヨセフ』冒頭の神学的議論「天上の諸階における序曲」のなかで、次のように触れられている。すなわち、アブラハムを祖先とするイスラエルの種族においては、「創造主が世界の外にあること、その全体性と精神性に対する洞察がめばえていた。すなわちそれは、創造主は世界を容れる空間であるが、世界は創造主を容れる空間ではない、という洞察である（そしてこのことは、ナレーターが物語を容れる空間であって、物語がナレーターを容れる空間ではないことと、まったく似ている。この事情によって、ナレーターは、物語を議論し展開してゆくことができるのである）」（五－一二九〇）と。

四　『ヤコブ物語』――古代の記憶、神の発見――

作品内容の紹介としては煩雑になるところもあるが、マンの小説を旧約聖書の「創世記」の記述に照らし合わせながら、マンがヤコブとヨセフ物語に対していかに近代化（合理化、世俗化、非神話化）をほどこしているかを検討してゆきたい。

第一作『ヤコブ物語』の前半部は、近代の前衛的な小説のうちに分類できるかもしれない。[16]『ヤコブ物語』の扱う範囲は、「創世記」の第二十七章から第三十五章までの部分のほとんどに相当するが、「創世記」のクロノロジーは守られず、とくにヤコブの祖先のアブラハムやイサクの物語を含む第四章までは、「創世記」とは時間的に対応していない。主としてこの部分は、ナレーターがヤコブの意識に密着し失われた過去を想起してゆく、という記憶の再生にもとづく展開であり、古代史が、近代の考証学や深層心理学あるいは連想心理学的方法によって、断片的に再現されてゆく過程である。同時に冒頭部には、すでにヨセフが登場しており、父ヤコブとの対話の部分が小説の枠組みとなることも、指摘しておかなければならない。

ヤコブの物語の本来の出発点は「祝福の間違い」である。父イサクが失明し、兄エサウのかわりに、弟ヤコブを長子として祝福してしまうという、母リベカによって仕組まれた事件がかつて起こった。これこそ、兄弟対立のトラウマを決定づける最も重要な原場面であり、マンあるいはナレーターは、この事件を求めて過去を遡って、『ヤコブ物語』のほぼ中央まで辿り着くと、物語の記憶が一気に甦ったかのように、この場面はほとんどコメントもなく客観的描写だけでリアルに再現される。そして、そのあとマンは、「創世記」のクロノロジーを守ってヤコブの生涯をリアリスティックに追うのである。兄弟対立や父と子に関する神話が頻繁にあらわれるのを別にすれば、『ヤコブ物語』も後半からは写実小説に近くなる。

ただし、ヤコブが伯父ラバンと別れてからの、ヤコブの兄エサウ、娘デナを主体とするところは、すでにマンはヤコブ物語の前史のなかに追加して語り終えている。マンは、兄弟の対立争いをヨセフ物語全体の主要モチーフとして重視しているので、「創世記」ではヤコブとその伯父の話のあとの付録のようなエサウ伝説を、イスラエルの祝福の本筋のなかに置き換えたのである。

エサウの系譜を示す「創世記」の第三十六章は、ユダヤ史の範囲にとどまっているのにたいして、マンの第四章二節の「赤い男」エサウについての記述は、古代オリエント（およびエジプト、ギリシア）の比較神話学的議論へと、荒唐無稽に拡大されている。これは異端的な汎バビロニア派の旧約聖書解釈の借用であるが、マンのねらいは、兄弟・父子の二項対立の神話図式が人類にとって普遍的であり、あらゆる古代の宗教文化圏において共通していることを示すことである。(17)

「創世記」では第三十七章からヤコブに愛されるヨセフの話がはじまる。ところがこの部分は、マンにおいてはヤコブ物語の冒頭に移動されて、これを取り囲む枠組みの役割を果たしている。聖書にとってはヨセフ物語は一挿話にすぎないのであるが、マンにとっては、ヤコブの宗教的な祝福物語が、ヨセフの世俗的な物語のはじめに挿入されるのである。

「創世記」のあちこちにちらばっている最も古い族長アブラハムについての伝承は、つづく第二章においてヤコブとヨセフがアブラハムについて交わす「対話」のなかで紹介されている。ただし、アブラハムと神の契約という重要な部分、祭司資料の特徴を持つとされる「創世記」第十七章の部分だけは、第二作の『若いヨセフ』の第二章二節で、召使いのエリエゼルがヨセフに語り聞かせるという形で紹介される。

この「アブラハムが神を発見した次第」と題された節は、独創的な部分のひとつであるが、神の客観性が保証されている「創世記」の記述とは違って、神の存在は、アブラハムの自我、その主観性のなかに移し置かれる。「神はたしかにアブラハムの外にあって、客観的に存在するものではあるが、同時に彼のなかにもあり、彼によって存在しているものでもある」（九－四九〇）という事実を認識することが「神の発見」である。この神の発見においては、神もまた人間のおかげで存在している、という神の人間への依存関係の認識がふくまれているので、「神の発見」はそのまま「神と人の契約」の内容である。だから神を根拠づける客観性はゼロであり、すべてを主観性に負うところのリスクは巨大である。マンは、精神分析学との関連でこれを心理学的神学と呼び、このように心理的に神を把握することは、西欧の宗教性にとってたえがたいはずだという。全人類の祝福か絶望的ニヒリズムか、全か無かの賭け、肯定と否定のイロニーの神学は、近代の実存主義の考え方に近いようである。

『ヤコブ物語』においては、マンは、無秩序に見える族長時代からヨセフの時代への年代的推移を、できるだけ近代的論理にふさわしく合理的に整理している。古い族長の伝承を再現するのには、過去の出来事として回想すると同時に、これをヨセフに記憶させるという方法が採用されている。神話は古代人の生活の規範であり、いまだその効力は現実的に有効ではあるが、すでに心理的な記憶のなかの話として取り扱われ、歴史的なリアリティーを基本とする方向は、ヨセフ小説のはじめの部分でも明確に示されている。

作中の古代人の性格には古めかしいところはなく、かれらは近代人と変わりない個人である。たしかに行動様式には神話的な図式に従う儀式的なところがあるが、これはワーグナーの祝祭的な楽劇と同じく、近代市民による古代のコスチューム劇である。ワーグナーの楽劇との違いは、神聖さの押しつけよりもユーモアが重視されていることであり、マンの場合、古代人を演じていることについての、作中人物のアイロニカルな自意識までもが、作品に書き込まれている。これは笑いを生む。だから「長男が神の祝福を受ける権利」をヤコブはエサウからだまし取るという、深刻な衝撃的出来事にたいして、「偉大なるジョーク」(四－二〇一)というタイトルがつけられている。「この章では、すべての人々が自分が何者であり、いかなる痕跡をたどっているかをよく知っており、(…)苦々しくてコミカルな物語が神話的なお祭り茶番として、ふざけた調子で悲劇的に演じられてゆく」(九－四九八)とマンは説明している。これは言い過ぎであるが、最も重要で厳かな宗教的行為が、実際は場当たりのサギ行為として片付けられて、その結果が正式に通用する、つまりどんな卑劣な手段によるものであっても、いったん授与された権利は絶対に有効であるということが、愉快に強調されるところは、聖書学者の態度とは逆で、キリスト教的でも倫理的でもない。マン個人の保守的な貴族主義的嗜好があらわれているところである。

五　『若いヨセフ』——神話の心理学——

第二作『若いヨセフ』は、ほぼ「創世記」の第三十七章に相当する。(18) 少年ヨセフは、ヤコブに溺愛され、自分が神の子であるような言動を繰り返した末、激昂した兄たちによって、奴隷としてエジプトへ売り飛ばされる。この「創世記」の部分は、すでに愛と憎しみの感情にもとづく人間の行為の、いわば十分に近代的な文学の一節であり、「神」という言葉を含まないこともあり、聖書研究では宗教的な記述とはみなされていないようである。これを、他の多くの聖書物語のように、写実的な事件の展開として語り直すのはたやすいかもしれない。しかしマンは、リアルな感情をイロニーなしにストレートに描写するかわりに、近代小説のなかで古代の物語の様式を利用する。つまり行為の感情的動機づけとして、オリエントやエジプトの神話を採用し、両義的であいまいなモチーフによって心理の動きを暗示するのである。読者は心理を直接読み取ることはできず、ある程度は解釈しなければならない。

とくに以後ライトモチーフとなるのが、タムツやオシリスやアドニスの話である。ヨセフは、ナルシス

『若いヨセフ』

『ヤコブ物語』

『エジプトのヨセフ』

初版本のカバー
（Karl Walser 絵）

ティックな自己顕示をこめて、これらを意味深長に仄めかす。タムッ＝オシリスは、オリエントとエジプトの「死と復活」の神であるから、これを聞かされるヨセフの兄たち（作中人物）は、いやでも犠牲の死を遂げて復活した救世主を、美しい姿のヨセフにオーバーラップさせざるをえない。また、ヨセフはイエス・キリストのプロトタイプであるというポピュラーな聖書解釈においても、こうした話はよく参照される。ただし、死と復活の神話は、ヨセフ物語の展開とともに脱神話化され、最終巻では、神秘的な意味を奪われて、より世俗的なヘルメスの神の話へと組み換えられ、その機能を停止するのである。同時代の神話学者たちの場合とは違って、マンの場合、神話は心理のなかでのみ働く連想的記号として取り扱われている、と考えるべきである。それは言語とおなじく文化的コミュニケーションの約束事であって、けっして非合理的な要素として取り扱われていない。

たとえば『若いヨセフ』の第五章七節の、ヨセフの心理分析を主体とする「穴の中で」（四―五七二）は、神話的モチーフがインターテクストのように組み合わされ、重奏的に対位法のように鳴り響くところである。それは『ワルキューレ』第三幕と比較できるような音楽的効果を示す部分である。しかしその際、心理の深層で神話が意識とは別個に、つまり無意識として勝手に働いているわけではなく、逆に、ヨセフが頭のなかで神話の連想の機能を操作し、意識のなかはすみずみまで、神話によって照らし出されているのである。それは無意識的どころか徹底的に意識的な反省の行為である。ヨセフが、死と復活の図式を引用しながら、自分が穴に入るという事件をそれに照らし合わせてゆく過程は、さながらポストモダンの比較神話学的記号論の展開である。ヨセフは、この出来事を引き起こしたのは、兄たちではなくて自分であったという認識をするが、このときヨセフの自我は尖鋭な自意識となってみずからを対象化し、自己から距離をおいて自己を離脱している。ここにおいてヨセフの自己中心主義は、もはや個別化の原理にしばられない普遍的な人間中心主義に高まっている。この心理的プロセスは、自我をすべての自己原因として認識しながら、自我を通して神を発見したアブラハムと共通のものである。

さらにもうひとつ『若いヨセフ』においてマンは「神」にたいして、近代的な個人に典型的な感情、近代小説の愛好する人間感情を持たせていることも付言しておきたい。それは「嫉妬」の感情であり、これもまた『ヤコブ物語』から（広い意味ではマンの初期作品から）受け継がれるライトモチーフである。神は、契約を結んだ相手が、自分以外のものに愛情を注ぐときに、これに嫉妬する、というユーモラスなテーマは、疑似神学的に重要な役割を果たしている。ヤコブが、妻のラケルを愛したときのように、ヨセフを愛したときにも、神は嫉妬するのであり、これはヤコブとヨセフの運命を決定する要因のひとつとなる。『若いヨセフ』は、神話的宗教的な様式化がほどこされていても、その背後で、豊かな感情の交錯する生き生きとした小説にすることは、作者のねらいであった。

「創世記」では、ヤコブの第四子ユダについての記述は、ユダの罪がヨセフの徳と対比するよう、エジプトのヨセフが純潔を守ったとされる恋愛事件の記述の直前に、第三十八章として挿入されている。しかしマンは、ユダの話の年代を後代へとずらせて、第四作の『養う人ヨセフ』のなかの挿話としている。それが、第五章「タマル」（＝ユダの息子の妻、ユダの子を産む）の物語である。マンのねらいは、聖書にみられる罪と徳の対比ではなく、宗教性と世俗性の対比である。ヤコブの祝福は、ヨセフにではなくユダに継承される。ヨセフの役割は、物質的な意味で人々を「養う」ことだからである。ちなみにマンは、「創世記」のなかで、宗教的には本来的なはずのユダとタマルの物語のほうが、世俗的で非本来的なヨセフの物語のなかに挿入されていることに、物語作者として注目している（五―一五七六）。

六『エジプトのヨセフ』――近代的恋愛心理分析――

「創世記」では第三十九章一節から十九節までの短い記述であるが、それに対応する『エジプトのヨセフ』は長大すぎるほどのロマンである。もはやこれ以降は、ほとんどオリジナルの創作とみなせるであろう。とくに第三十九章七節以下に相当する後半部は、心理分析を主体としたエロチックな小説である。作者は文体においていまだ神話的様式を保持しているというが、ドイツ語の隠語と俗語のほか英語や仏語をも交えての擬古的な工夫は、「創世記」とは無関係な、近代文学の言語的実験のひとつであって、翻訳などでは気づかれないところかもしれない。しかしそれより大事なことは、マンが聖書の説教にさからって、事実上、悪女とされる人妻ムト＝エム＝エネトの味方となって、すべての経過を恋する女の側から描いていることである。恋の対象となるヨセフは脇役にすぎない。「愛する者は愛される者よりも神的である。愛される者の中に神はいないが、愛する者の中には神がいるのだから」（八―四九二）というイロニーの公式から小説が出来上がったのであって、「創世記」からではないかのようである。またヨセフが、イスラエルの神と父親のイメージのおかげで、人妻の誘惑を退け純潔を守った動機については、マンは八節全体のページを費やして、神話的モチーフを駆使した心理学的な理屈をくり広げているが、これも聖書には関係のないところである。

七 『養う人ヨセフ』――神話から歴史へ、神の子から人間へ――

第四作の『養う人ヨセフ』は、「創世記」の第三十九章二十節から第五十章二十節までに相当する。ヨセフが生きたのはエジプト王朝のどの時期か、ということについては「創世記」には記録されていない。マンは時代設定を、一般に推定されているよりずっと後代の紀元前十四世紀とし、ヨセフの出世の時期を、保守的多神教のアムン・レー信仰から一神教のアトゥーン・レー信仰へと宗教改革がおこなわれた第十八王朝の時期にあわせている。作品の進歩的な理念にあわせて、マンはアメンホテプ四世を新しいファラオとして登場させ、アブラハム、イサクからヤコブ、ヨセフへと続く唯一神の導きを、ここに至って、歴史物語に合流させるのである。

この最終巻では、「創世記」の神秘的な雰囲気は、舞台となる王朝の賑わい、そのリアリティーによって一掃されている。「創世記」の記述は、いわば時代に適合しなくなった過去の資料である。ヨセフの結婚（第四十一章四十五節）や経済政策（四十七節以下、マンにあってはニューディール政策のエジプト版）や兄弟との再会（第四十二章六節以下）などの伝承は、本文批評（テクスト・クリティク）の対象となるオリジナル・

テクストというよりは、物語の戯れの対象、芸術上の遊びの材料のような扱いをうけるに至る。ヨセフ小説は、伝承のとおりに語られるが、もはやそれに拘束されないのである。ナレーターが聖書の精神に忠実なのは、ヨセフの夢解きの部分（第四十一章三十六節までに相当）が最後であり、この部分から、マンはワーグナーのライトモチーフの手法をまねて、ヘルメス・モチーフのはなばなしい導入をはかる。ヘルメスはマンが『ヴェニスに死す』以来の諸作品でもっとも愛用してきた神話的形象のひとつであり、形而上学的な意味では生と死を仲介するイロニーの神である。それがここでは、世俗的な相対化のモチーフとして利用され、死と復活や救世主の神話は脱神話化される。そしてさらに「ヨセフとファラオとの大いなる対話においては、ヘブライ、バビロン、エジプト、ギリシアといった、全世界の神話が多彩に交錯するので、目の前にあるものが聖書のユダヤの物語本であることは、ほとんど念頭に浮かばないのである」（十一－六六四）。

物語は聖書の路線からはずれた歴史、あるいは、聖書を超えた人類一般の活動のなかで、完結させられる。同時に、ヨセフが、これまでポーズをとってきたような、宗教的な救いをもたらす神の子ではけっしてなく、それを補助するための世俗的な意味での救い手にすぎなかったという真実が、ヤコブが臨終の場で祝福を与えるときに明らかになるのである。ヨセフは優雅な仲介者として、神と人々の両方から愛され、「上からの天の祝福、下からの淵の祝福」（第四十九章二十五節以下）という二重の祝福を受ける。しかし「それは最も厳粛な最高の祝福ではない。（……ヨセフの生は）戯れと暗示（Spiel und Anspiel）であり、救いを思い起こさせるものであるが、完全に真の意味では救世主の使命は与えられていなかったし、それは許されていなかった」(五―一八〇四)と、ヤコブは言う。これは精神的には幻滅であるが、人間的な安堵と笑いをもたらすしめくくりである。マンの小説では、ヨセフとその兄弟たちの和解のところまでで物語は閉じられ、「創世記」におけるヨセフの死は語られない。この作品は、主人公の世俗的な幸福の頂点で終結するのである。

八　神の本、宗教性

作者によるとヨセフは、神を発見したのではないが神を「取り扱う」ことができる人、すなわち「物語の主人公であるだけでなく、その演出者、詩人であって、物語を装飾する人」(十一―六六八)つまり芸術家である。神と戯れるヨセフは、神を発見したアブラハムとは違って、自我の尊厳に対する宗教的パトスには無縁だが、人々への共感に満ちたユーモアを持っている。その芸術的自我の自己中心性は、はじめ自己愛として現れるが、それはやがて他者との関係のなかで社会的なものへと成熟し、ヨセフは養う人、つまり人類愛(Humanität)を象徴する存在となる、と作者は言う。ヨセフが救世主ではなく、神の物語を補助する養う人となるということ、その意味では、誤解されやすい言い方かもしれないが、マンのヨセフ小説は、宗教的な作品ではなくエンタテインメントの作品である。あるいはそれが言い過ぎであるとすれば、宗教性を対象とした芸術作品である。

作者トーマス・マンは近代ないし現代の一個人であるが、こつこつと書き上げた長大な小説をピラミッドにもたとえ、その全巻を締めくくるとき、これは「ヨセフとその兄弟についての数々のすばらしい物語」（五一一八二二）であると同時に、作品そのものが文字どおり「神の創案」（Gotteserfindung）であると神学的に定義した。そうだとすれば、神が自己を語ったこの物語は、神が空間的に創ったみずからの姿、その偉大な体の一部である、という解釈が成り立つ（ヨセフが神を見いだした、という解釈は適正ではないと思う）。聖書は神の本であった。そしてマンの「ヨセフ物語」は、二十世紀の同時代にアップデートされた本であり、聖書のように神の本の主要部分ではなく装飾的部分にすぎないが、しかしいずれにせよ、神の本になるという宗教的な野心を持った作品として構想されたのである。

この作品の解説（十一－六六七以下）で、マンは「宗教性なるもの」を個人的には「注意深さと従順さ」として理解すると述べている。宗教性とは「世界の内的変化、真理と正しさのイメージが移り変わるのを注意深く見きわめて、生活と現実を、すかさずこれらの変遷に合わせ、その精神に従うことである」と。これが「神（へ）の配慮」であり、アナクロニズムは「神（へ）の愚鈍」にあたる。人類と神は相互に進歩・発展するものであり、「道、前進、変遷、発展、これらにたいする気持は、この本ではたいへん強く、この本の全神学はここから出てくる」と作者は言う。これはもはや宗教的と呼べるであろうか。こう問うのは、ヨセフ小説においては、永遠や不変といった絶対的な概念は活かされていないからである。[19]しかし、ここに懐疑的なイロニカーの無宗教性をみるかどうか――つまりトーマス・マンが宗教的であるかどうか――は、われわれ日本人にとって、それほど大きな問題ではないかもしれない。

注

（1）最初の翻訳作品は短編『簞笥』（Kleiderschlank）で、明治四十三年（一九一〇年）に東京帝国大学の月刊誌『帝国文学』に掲載された。なおこのことも含み、以下の日本におけるトーマス・マンの受容史に関するところでは、村田經和『トーマス・マン』（センチュリーブックス　人と思想四〇、清水書院、一九九一年）の一六三－一九六頁を参照した。

（2）『国文学』一九七〇年五月、臨時増刊号における三好行雄との対談より。

（3）林進『三島由紀夫とトーマス・マン』鳥影社、一九九九年、一三六頁等、参照。

（4）「パリで読んだトーマス・マン」（新潮社刊トーマス・マン全集第一巻月報）参照。

（5）北杜夫がマンの初期の作品に読み取った叙情性は、ナイーブではあるが、時間を物語るところから生ずるシュトルムの叙情性に比べてさらに近代的なもので、それは自分自身へのイロニー（気の小さい主人公の自意識）から生ずるユーモアにつねに境を接している。また北杜夫は、『ヨセフ』の冒頭のナレーションのユーモアよりも、その舞台（ヘブロンの丘や泉や月）にただよう神話的叙情的雰囲気を取り入れようとして、自伝的小説『幽霊』（一九五五年）にはヨセフ小説冒頭のパラフレーズが折り込まれている。続編の『木霊』（一九七五年）はほとんど『トーニオ・クレーガー』へのオマージュである。

（6）その他ささやかな例として、大江健三郎は異化効果を論じながら、『ヴェニスに死す』の一連の副人物の描写を分析しつつ「イメージの分節化」を検証している（『小説の方法』岩波現代選書、一九七八年）。これはマンの解釈学的研究においては、ヘルメス・モチーフの分析として従来からなじみの方法であった。

当然かもしれないが、さらに新しい日本文学の世代については、マンへの目立った言及は見つけにくい。村上春樹の『ノルウェイの森』（一九八七年）の主人公「僕」が携えている『魔の山』は、印象的なアクセサリーであるが、それ以上の深い意味はないようである。少なくとも生と死の観念について、両作品のとらえ方はかなり異なったものであり、生と死を融和させようとする村上春樹にくらべて、生と死を区別しようと努力するマンは、その点ではやはり西洋合理主義者に相応しいかもしれない。純文学以外では、赤川次郎はストーリー・テリングの手法をマンに学んだらしいが、コンラッドを羨望する重厚すぎるドイツの作家にとって、迷惑なことではないかもしれない。赤川次郎はチューリヒのマン資料館を訪れている。

（7）辻邦生『トーマス・マン』（「同時代ライブラリー一七一」岩波書店、一九九四年、あるいは「二十世紀思想家文庫」一九八三年）では、全十一章のうち「『魔の山』を越えたあと」のマンの活動については、わずか二章が当てられているにすぎず、『ヨセフ』には五ページしか割かれていない。辻邦生は、そこでマンを現代文学の認識論的課題に正面から取り組む全体小説家としてとらえ、概念の一般性と個物の特殊性、抽象性と感覚的内実の両面を実現する表現のメディアとして「神話」の採用の必然性を積極的に評価しようとしている。たしかに小説のなかで神話は、一般観念の具体的イメージであり、この指摘は当たっている。しかしこれはまだ『魔の山』の圏内の「代表性」の問題であり、『魔の山』を越えたあとの新たな認識法ではない。「ここでは、西洋的知性が知的危機を乗りこえるためにとった一種の戦略――つまり抽象性一般性を超えて、具体的一般性とでもいうべきものが実現されているのである」という少し乱暴な指摘は、むしろ『魔の山』の人物やその他の形象により多く当てはまるようである。

（8）『日本独文学会文献リスト』（JGG-Literaturliste）は、NACSIS-IR のサイトで有料公開されている（http://www.nii.ac.jp/ir/dbmember/dokubun-j.html）。

（9）トーマス・マンの作品集（Thomas Mann: Gesammelte Werke in 13 Bänden. Frankfurt a. M. 1974）第十一巻、六八〇頁から。以下同様に、引用箇所については、本文中に巻数と頁数を（八―二四六）のように記した。

（10）大御所の旧約聖書学者フォン・ラートの論文がある。

Gerhard von Rad: Biblische Joseph-Erzählung und Joseph-Roman. In: Neue Rundschau 76, 1965, S.546-559.

聖書のヨセフ物語は、すでに十分近代的な小説に近いことを述べている。

神学者のなかでもマンにもっとも好意的なミートは、神話についての議論を「ナレーション神学」（Narrative

Theologie）と関連させて倫理的に評価している。

Dietmar Mieth: Epik und Ethik. Eine theologisch-ethische Interpretation der Josephromane Thomas Manns. Tübingen 1976.

（11） Bernd-Jürgen Fischer: Handbuch zu Thomas Manns >Josephsromanen<. Tübingen und Basel 2002, S. 75ff. など、参照。

（12） Hermann Kurzke: Mondwanderungen. Wegweiser durch Thomas Manns Joseph-Roman. Frankfurt a. M. 1993, S. 175.

（13） Goethe: Dichtung und Wahrheit. Hamburger Ausgabe. Band 9. München 1974, S. 141.

（14） Goethe: Sprüche. Hamburger Ausgabe. Band 1, S. 325.

（15） Geist der Erzählung（五－八六）という言い方は、すでに『魔の山』にも登場している（三－九九〇）が、意外にもヨセフ小説では一度しか使われていない。

（16） 「創世記」と『ヤコブ物語』の対応は以下のとおりである。

［「創世記」の第二十七章＝『ヤコブ物語』の第四章三・四節］

［第二十八章九節まで＝第四章五節］

［第二十八章十節以下＝第一章四節］

［第二十九章＝第四章七節から第六章三節まで］

［第三十節＝第六章四節から第七章三節まで］

［第三十一章＝第七章四・五節］

［第三十二章（二十節まで）および三十三章＝第一章五節］

［第三十二章二十二節以下＝第三章六節の（四－九四）以下］

［第三十三章＝第一章五節の（四－一四六）以下］

［第三十四章＝第三章］
［第三十五章十六節から二十一節まで＝第七章六節］
［第三十五章十五節までの部分は『ヤコブ物語』にはない。］
［第三十六章＝第四章二節、ただし別の内容になっている。］
［第三十七章一節から四節まで＝『ヤコブ物語』の第一章など］

（17）アルフレート・イェレミアス『古代オリエントから見た旧約聖書』（Alfred Jeremias: Das Alte Testament im Lichte des Alten Orients, Leipzig 3. Ausgabe 1916）
　また、Thomas Mann: Die Einheit des Menschengeistes（一三一七五一〜七五六）参照。

（18）『若いヨセフ』以降の対応は以下のとおりである。
［第三十七章三十五節まで＝第二作『若いヨセフ』全体］
（章の最後の三十六節だけは、第三作の『エジプトのヨセフ』で物語られる。）
［第三十八章＝第四作『養う人ヨセフ』第五章］
［第三十七章三十六節と第三十九章一節から十九節まで＝第三作『エジプトのヨセフ』全体］
［第三十九章二十節から第五十章二十節まで＝第四作『養う人ヨセフ』全体］

（19）キリスト教の側からマンを論じた例として、ハンス・エゴン・ホルトゥーゼンは『超越なき世界』（Hans Egon Holthusen: Die Welt ohne Transzendenz. Eine Studie zu Thomas Manns “Dr. Faustus” und seinen Nebenschriften. Hamburg 1949）で、おもに『ファウストゥス博士』について、文字どおりマンのイロニーが現実を超えた高い宗教的価値とは無関係であり、現実的（世俗的）な利害関係のなかでしか働いていない、という趣旨からマンの文学を批判し、また『ヨセフ』については、Anna Hellersberg-Wendriner の Mystik der Gottesferne（Bern, München 1960, S. 95-144）が同様の判定をくだしていた。

西欧近代の「自然」概念とその受容

今井尚生

デカルト（フランス・ハルス筆）

はじめに

神《ゴッド》という言葉に代表されるキリスト教と近代日本との関わりは、広範かつ多層的な文化受容の例であるが、ここでは「自然」という媒介項を導入することにより、この文化受容の一断面を明らかにしつつ、このことを通して我々に提示される思想的課題の一つを考察したい。自然に関わる思想は広範多岐にわたり、一つの文化においてさえも果たして「自然」ということで何が意味されているのかは確定し難い。それは同じ文化圏に属していたとしても、個々の思想家によって自然の捉え方が様々であるからであり、また自然観は時代的にも変遷してきたからである。このような事情から、自然を巡る思想研究は膨大な数にのぼり、それは洋の東西を問わず枚挙にいとまがない(1)。無論、これらの研究史を纏めることは本研究の目的ではない。

ここでは、西欧近代に成立した自然概念の明治期における受容という断面に焦点を当てることを目的とすることから、次のような順で議論を進めることにしたい。まず西欧近代に成立することになる、自然科学の対象としての自然概念の形成過程を吟味する。次に、この自然概念が明治期の日本において受容されたことによって、日本の思想にどのような影響が与えられたか。最後に、これらの思想史を踏まえた上で、現代の日本文化に生きる我々が考えるべき思想的課題を取り出したい。

一　西欧近代の科学的自然概念の成立過程

まず伊東に従って、[2]英語の nature に代表される思想の系譜をおってみたい。この語はラテン語の natura、さらにはギリシア語の physis に遡ることができる。physis は phyo（生む）・phyomai（生まれる）から派生した語であるため、第一義的には「誕生」「生長」「生成」を意味する。そして、誕生や生長の結果として事物がもつようになった「本性」「性質」という第二の意味が生じた。その他、第三に physis は自然のもつ「秩序」や「力」、また第四に地・水・空気・火などの自然の構成要素を意味することもあった。

physis はこのように様々な意味を担うようになったが、ギリシア思想における最も大きな展開は、physis が天地万物すなわち自然全体を総称する語として使われるようになったことである。それは取りも直さず、自然を全体として見る見方が成立したことを意味する。というのは、ギリシア以前の古代オリエント世界には天や地、水など個々の自然物を意味する言葉はあっても、それらを統括するような言葉はなかったからである。physis が森羅万象を意味するようになった最初の用法として、伊東は廣川の研究を支持している。廣川によればそれはエウリピデス（Euripides, B.C. 485?-B.C. 406?）に認められるという。そこでは physis は cosmos と並んで、自然の全体を表現するものとして使用されている。それゆえ、森羅万象を包括的に把握する言葉としての physis の用法はおよそ紀元前五世紀の中頃であると考えられる、というのがその見解である。

このようなギリシアにおける「自然」についての見方を、伊東は「パンピュシシズム」と名づけている。一方で、「誕生」「生長」「生成」を基本的な意味としてもつphysisは、アリストテレスの「それ自身のうちに運動の原理をもつもの」という定義に集約されるように、自らのうちに生成・発展の原理を有する生命的なものであり、他方で、そのような生命的なものの全体を統括する概念でもある。ここからギリシアの「自然」(physis)は、神や人間などおよそ生命的原理を有するもののすべてをそのうちに含む生ける統一として捉えられているというのが伊東の解釈であり、その意味で彼はギリシアにおける自然思想を「パンピュシシズム」というのである。(3)

西洋の思想を考える上では、ギリシア思想と同時にキリスト教思想を考慮しなければならないが、ここではその最大の影響として一点のみを挙げておくことにしたい。それは、神・人間・自然の間に質的な差異が導入されたことである。キリスト教においては、創造者である神と被造物である人間および自然物は質的に異なるものと考えられ、更に人間と自然との間にも非連続性が存在する。それは「創世記」の失楽園物語に象徴的に表現されているように、人間は自然界から疎外されているという捉え方であり、より積極的に言えば、人間は自然の中で他のものとは違う役割を担った独自の存在であるという捉え方である。勿論、神・人間・自然の間に質的な差異が認められるようになったことが、即ちギリシアにおけるようなそれらの統一的な見方と矛盾するものではない。質的に違ったもの相互の統一という思想の可能性をはじめから排除する論理は存在しない。しかしながら神・人間・自然の間の質的差異はその後の西洋の思想展開に大きな影響を与えたことは否定できない。

次に、時代は下るが、近世において自然に対する学問的探求を促すことになった二つの比喩について述べたい。第一は書物の比喩である。これは既に中世のスコラ学において流布していたもので、神は二つの書物を書かれた、即ち一つは聖書、もう一つは自然である、という考え方である。自然を神の書かれた書物であるとする比喩は、自然に対する学問的な探求に大きな動機を与える。というのは、聖書を読むことによって神の意志を知るのと同様に、自然という神の書かれた書物を読むことによって、神の考えを知ることができるということになるからである。そしてこの比喩はガリレオにおいて更に発展する。彼も自然を神の書かれた書物であると考えたが、更に自然という書物は数学という「言葉」で書かれていると理解した。自然という書物に使われている文字は、三角形や円などの幾何学的図形であるというのである。ここに、自然探求と数学が結び付くことになる。(4)

第二は機械時計の比喩である。これは十六世紀以降の精密な機械時計の出現によって齎されたもので、自然を神の作った機械であるとする比喩である。この比喩を基にして思想を展開したのがデカルトであって、近代自然科学の基礎にある機械論的自然観の源はデカルトにまで遡るとされるのが通説である。機械論的自然観の最も重要な帰結は、物体にひそむ生命原理の排除ということであり、この点が生命原理を本質的に含むギリシア的自然と異なるところである。デカルトはこう述べる。「動物のなかにあって、その器官の配置に従って動いているのは自然そのものである。それは誰でも分かるように、あたかも歯車とぜんまいだけからできている時計が、我々があらゆる思慮をもってするよりも正確に時を数え、時間を計ることができるのと同じである」（デカルト『方法序説』第五部）。自然を機械であるとする枠組みにおいては、神は偉大な機械職人というイメージで捉えられるようになるが、他方の被造物全体の中では人間と自然の間に溝が生ずる。デカルトの有名な、思惟（cogitatio）と延長（extensio）の二元論は、思惟する主体としての理性的人間と機械的な物質としての自然の峻別であり、両者の間に存在する深い溝は、生命をどのように捉えるべきであるかという深刻な問題を提起することになる。

十七世紀までは自然に対する理解や自然探求の枠組みそのものが、より大きなキリスト教的な形而上学的枠組みの中に位置づけられていた。人間の知的営みは、神・人間・自然という枠組みの中で行われていたのである。この枠組みから、キリスト教の形而上学的枠組みを取り外し、「神」という項が脱落することによって、人間の知が「人間・自然」という枠組みにおいて捉えられるようになっていくプロセスを、村上は彼の言葉で「聖俗革命」と称している。例えば、それまでは自然法則を読み解くことが、自然に法則を与えた神の意志を知るという知的な営みとして理解されており、また自然探求もそのような理由から動機付けされていた。それに対して、聖俗革命以後は、神の意図は措いて、ともかく自然法則さえ把握できれば、自然というものの理解としては十分であり、自然法則を正しく捉え、それを技術に応用することができれば、それで目的は達したことになるのだという考え方になったということである。村上の歴史解釈によれば、このような聖俗革命を経て、社会制度の変化とともに、今日我々の言う「自然科学」が成立するのは十九世紀である。聖俗革命によって齎された新たな問題は、それまで宗教の上に基礎付けられていた倫理がその根拠を失い、新たな知的枠組みの中でどのように根拠付けられるべきであるかという問題である。即ち、それまで倫理は神の戒めという根拠を持ち出すことによって、その妥当性が保証されていたが、「神」という項を失った近代人にとって、倫理は果たしていかなる根拠と説得力を持ち得るのかが改めて問われねばならなくなったということである。そしてこの聖俗革命を経た機械論的自然観が、西欧近代の科学技術とともに、十九世紀に日本に入ってくることになったのである。

二　日本における受容

日本語の「自然」は言うまでもなく中国からのものであるため、その基本的語義を確認することから始めたい。許慎の『説文解字』によると「自」は元「鼻」を意味していた。そして自分を指すときに鼻を指したことから「自分」を意味するようになったという。また、「然」は、例えば「悠然」「平然」のように状態を表すから、「自然」の元の語義は「自分のままである状態」ということになる。ここで、「自」は自分のことであるから、「みずからの」という意味であるが、転じて「おのずから」を意味することもある。この事情を伊東は次のように説いている。即ち、行為の主体が自分である場合、「自分から」は「みずから」の意味になるが、行為の主体が客体の側にあるとし、客体にとって「自分から」であることをこちらから見た場合、それは「おのずから」の意味になるという。この「みずから」と「おのずから」の関係については、後にもう一度考察することにしたい。

ところで、「自然」が思想を表す言葉として用いられたのは老子であると考えられている。「以輔万物之自然、而不敢為」（以て万物の自然を輔けて、而して敢えて為さず）。ここで「万物の自然を輔けて」というのは、自然のあるがままのあり方に、手出しや干渉を加えず、万物のおのずからなる成長を邪魔しないことを意味する。いわゆる無為の思想である。[5]それゆえ、漢語としての自然は元来、生き方の問題と結び付いていたことになる。日本においても、あるがままをよしとする思想の伝統は受け継がれている。

さて、日本ではこの「自然」の語を「おのずから」と訓じ、受け取ってきた。[6]中国において「自然」は山川草木の総称を表す名詞ではなかったが、事情は日本でも同じであった。それでは何故、自然という言葉が今日、名詞として普通に使われるようになったのか、その事情については柳父章『翻訳の思想』に詳しい。一言で言えば、そこに欧米の言葉である“nature”が「自然」と訳された翻訳の歴史と、この言葉に代表される西洋文化の日本における受容の問題があるということになる。

nature が「自然」と翻訳された歴史は、寛政八（一七九六）年に稲村三伯によって出された蘭日辞書『波留麻和解』にはじまるという。ここではじめてオランダ語の natuur に「自然」という訳がつけられた。しかし、natuur の訳として、この他に「欲シ好ム」というような動詞の形の訳語もあり、この辞書においては品詞の考え方が定まっていなかったと考えられる。その後、品詞に注意を払うようになった辞書においては、「自然」は欧米語の名詞“nature”の訳語としては使用されず、“nature”の形容詞形や副詞形に用いられるという傾向が定着したという。即ち、天保四（一八三三）年の『ヅーフ・ハルマ』においても、また安政五（一八五八）年の『和蘭字彙』においても、オランダ語の名詞 natuur の訳語としては「自然」は使われていない。むしろ natuur の形容詞および副詞形である natuurlijk の訳語として「自然ノ」が採用され、あるいは uit de natuur という副詞句の熟語には「自然ト」という訳語が見られる。以上のことが意味しているのは、日本語の「自然」は名詞ではなく、状態を表す形容詞や副詞に近かったということである。

それではその後、欧米語の名詞“nature”の訳語として「自然」を用いることが出来るようになったのはなぜか。元来「おのずから」という意味で用いられてきた「自然」という語を、山川草木を総称する“nature”という名詞の訳語として用いるには、それを許容するなんらかの土壌がなければ起こり得なかったことである。この点に関して、相良亨は「日本人には山川草木を「おのずから」なるものとして捉える思想が流れてきた」と解釈する。[7] そして彼は、キリスト教において自然は超越的・人格的な神によって創造されたものとして理解されるのに対して、日本には自然の究極を「おのずから」なる生成の働きそのものであるとする形而上的な思想の伝統があると理解している。

そのような思想家として伊東は安藤昌益（一七〇三―六二）を挙げている。そこでは、安藤の『自然真営道』から「自然とは互性妙道の号なり」に始まる一節が取り上げられて、その思想が解釈されている。即ち安藤によれば、自然とは宇宙における生命的実在（これは活真と呼ばれている）の「自《ひと》り然《す》る」活動の所産であると理解されている。伊東が注目する点は、第一に、安藤においても「自然」はやはり倫理的内容を併せ持っていたものの、彼が医者であったこともあり、「自然」という言葉が対象的世界に関して用いられていること。そして第二に、「自然」が形容詞や副詞などの賓辞としての用法から、「自然とは」というように主辞として現れ、“nature”の意味に近づいているということである。

以上のような思想的背景をもつ「自然」が今日我々が言うところの名詞“nature”の意味、即ち山川草木の総称としての用法を獲得するようになるのは、やはり明治に入ってヨーロッパの自然科学が日本に受容されるようになってからのことである。柳父の研究をはじめとして、それは明治二十年代頃であるとするのが通説である。柳父が明治二十年代を主張するのは、「自然」という言葉をヨーロッパ語の nature の訳語として用い、最初に論を展開したのが森鷗外の明治二十二年の論文であるという認識による。ヨーロッパ語 nature の訳として「自然」が使われることにより、それまでの伝統的な「自然」という語の用い方との間に葛藤が生ずる。それは、伝統的な考え方と、西欧近代の見方とが出合うことによる混乱や議論であり、源了圓の言葉を用いれば、近代日本の自然観の大きな問題は「伝統的自然観と西欧近代自然観との関係をどうつけるかということ」であった。

詳細は柳父の書に譲ることとし、ここでは巌本善治と森鷗外の論争の要点を取り上げてみたい。[8] 論争の発端は、歌舞伎俳優九世市川團十郎が『仮名手本忠臣蔵』の茶屋場の「おかる」役を、「人間の中にて最も賤しき女郎」である故に辞したことである。この團十郎の考え方に対し、意見が戦わされたのである。團十郎に賛成の立場を取ったのは、クリスチャンであり明治女学校の設立者であった巌本善治（一八六三―一九四二）である。彼は自ら主宰する『女學雜誌』（第一五九号）に「しのぶ」というペンネームで「文学と自然」という題の論文を載せている。彼の議論の核心は「最大の文学は自然の儘に自然を写し得たるもの也。極美の美術なるものは決して不徳を伴ふことを得ず」というものである。実際に醜いものも、これを写せば美しくなるのであり、また美しくするところに文学美術の長所があるとする意見に対して、巌本は

「自然の儘に写す」のが文学であって、元々そこに美がなければ、これを写すことは出来ないという。そして「神韻はこれ自然の尤も美なる粋にあらずや」として、自然の中にある「神韻」「粋」を自然の儘に写すことこそ文学であるというのが巌本の主張になる。

この巌本の見解に森鷗外は反対し、『國民の友』(第五〇号)に「『文学ト自然』ヲ読ム」と題する論文を書く(但し、論者名は森林太郎)。鷗外の議論の核心は、文学には二つあって、これらを明確に区別すべきであるというものである。即ち、一つは芸術としての文学(鷗外は「美文学」(Schöne Literatur)と称している)であり、もう一つは科学としての文学(鷗外は「科文学」(Wissenschaftliche Literatur)と称している)である。そして、巌本の「自然の儘に自然を写す」というのは科学には当てはまるが、芸術としての文学には当てはまらないと言う。例えば、薬草などの知識を集めた『本草綱目』は科学の書として、自然の儘に自然を写したものと言うことが出来るが、『論語』や『純粋理性批判』などは「自然」(Natur)を写したものではなく、「精神」(Geist)を写したものである、ということになる。それゆえ芸術としての文学は、「想」(Idee)によって「自然」を捉えなおすことにおいて成立するものであり、決して巌本の言うように「自然の儘に自然を写す」ことではないと言うのである。

これに対し巌本は、「所以自然なるものをナツールに当しとするも宜し、抑そもナツールの自然なるものには、「神韻」と称し「粋」と称するに足るべき性元を含む可らずとする乎。之を含むこと無しとする者は宇宙を一大器械視する論者たり、之を含むこと有りとする者は天地に一個の意識発現せりとするの論者たり」として反論している。ここまで見てくると明らかなように、鷗外は西洋医学を学んだ科学者とし

女學雜誌

版權所有

一冊六錢

各土曜日出版

當府内無郵税

明治二十二年(第百五拾九號)四月廿七日發

社説
矯風の事業、社會改良の事業

論説
女子の文學(其二)(池袋清風)

批評
紅葉山人の「色懺悔」(其二)(藤の屋)

叢話
人を知る法○國民之友第四十八號文學と自然○婦
○國手百難を愈す○旅のはなし(其六)(むらさき)

佳傳
ジョン、グレー姫の傳(樂卿散人譯)

小説
理想の紳士第十二回(月の舍しのぶ)

寄書
女學雜誌第百五十七號寄書欄内「胸の鏡」道徳法律
關係疑問に答ふ(佐々木笑受郎)

新報
行路○不純潔の言行意思、不純潔に對するの言行
意思○數百年來の家業を擲うつ○學校生徒の煙草
○舞踏會解散○氣概主義と淑女論○昨年やストラ
イキの儀悔なりし○文秀女王殿下○其他數件

外報
婚姻世話婦○ブース夫人○アメリカのフレーベル
○サンドハースト夫人○廢娼會

小供談
不親切なる馬の話(宮規子譯)

附録
百人一首講義○女子本讀○婚姻說

巌本善治が主宰した『女學雜誌』

森　鷗外（1862-1922）

て、西欧近代の nature の考え方を受容し、「自然」をこの意味に解している。そして鷗外が受容した「自然」概念は、デカルトに遡り、しかも聖俗革命を経て西欧近代において成立してきた機械論的自然観である。巌本も鷗外の「自然」概念をそのようなものとして理解したと言える。それに対し、巌本は自然のなかには「神韻」と呼ぶべきものが含まれており、自然には一つの意識が発現しているものと理解する自然観を有している。これは西欧近代に成立した自然科学的自然観を受容する以前の伝統的な自然観である。それを西欧の思想史に敢えて対応させれば、聖俗革命以前に書物の比喩で自然を捉える理解、神によって自然に対して与えられた自然法則——その探求を通して神の意図を知ることが出来ると考えられた——という理解に近い(9)。

三　与えられた課題

西欧で近代までに成立してきた自然科学的自然概念と日本におけるその受容について概観してきた。最後に、この文化受容を通して我々に与えられた課題の一つについて考えてみたい。それは、自然と人為との関係、換言すれば、自然における人間の位置付けの問題である。

「自然」も“nature”もともに「人為」と対立していた。「人為ではない」という意味において、「自然」は“nature”の翻訳語になり得たと言える。しかし、いかなる意味で「人為」と対立するのかという点に関しては、議論の余地がある。柳父は次のように指摘する。「natureは「人為」と対立するが、両立する。必ず両立する。これに対して、「自然」は「人為」と対立し、これと全く両立しない」[(10)]。確かに、“nature”が客体世界として捉えられる場合、これに人為的に関わるのは人間主体であって、この場合主体と客体は対立していると言っても、それは否定しあう関係ではない。客体の存在しない主体だけのあり方などというものはなく、また主体のない客体もない。両者は対の関係である。また、学問の場合を考えてみても、十九世紀に自然科学（Naturwissenschaft）が成立するが、それは文化科学（Kulturwissenschaft）――無論Kulturwissenschaft のかわりに Geisteswissenschaft を考えてもよい――と相補うものである。即ち、一方は自然を対象とする学問であり、他方は人為に関する学問である。これに対して日本語の「自然」の場合はどうであろうか。客観的な対象を指す“nature”とは異なり、元来「自然」はおのずからある状態を意味しており、その場合は人為が加えられているか否かの問題が、即ち自然であるか否かということになる。両者に違いが生ずる所以は、一方で名詞としての“nature”が対象を表し、“nature”であるものと“nature”でないものとの両方が存在し得るのに対して、他方で「自然」の場合は、ある状態に関する形容である故に、自然であるか否かは二者択一的になる、ということである。

日本語における自然が人為ないし作為と対立するということは思想の領域においても指摘される。伝統的には自然なあり方が良しとされる日本の思想史において、作為を強調した思想家としてしばしば荻生徂徠が挙げられる。[11] 荻生徂徠は「夫れ道は、先王の立つる所、天地自然に之有るにはあらず」として、道というものは聖人の造ったもの、制定した制度であって、自然に成ったものではないと言った。これ即ち、徂徠の思想において自然が否定され、作為が強調されたと考えられる所以である。しかし相良亨はこれを別様に解釈している。徂徠の言う「制度としての道は、天から絶倫の聡明睿智を与えられた聖人が、天を敬い、天の万民生々の意を奉じ、天をうかがい、それに則って制作したものであった」と解されると言う。相良は徂徠において、天が自然として捉えられたという理解に基づいて、徂徠のいう聖人の作成行為は自然と対立するものではないと解釈するのである。勿論、制度なる道は自然そのものではないが、「自然に随順しつつ、自然の意を実現化する営みである」という理解が可能であって、それ故「明治以前の思想家としてもっとも強く作為性をおし出した徂徠にあっても、その作為は自然と対立するものではなかったことが理解されてくる」としている。[12]

それでは、西欧の思想においては、自然と作為は常に両立するものであったと言えるであろうか。村上陽一郎はその著『文明の中の科学』の中で、「文明」civilization という概念のもつイデオロギーは、徹底した自然の人為化であるとしている。[13] 即ち、十八世紀に“civilization”なるヨーロッパ語が造られたとき、その概念は「自然」と「人為」の対置において成立し、人間が自然から独立し自立するという方向性が強く示唆されていた。英語の“uncivilized”が「未開」という否定的な意味を担い、またフランス語の「自然な」という形容詞“naturel”が“sauvage”（野蛮な）と同義的に使われていたことは、いずれも自然的な状態をネガティブに捉え、人間が自然から独立するあり方こそ良いと考えられたことの表れである。人為が自然的な状態を克服するということ、そしてそれが人間のあり方として良いのだという考えを背景として、「文明」という概念は成立したと言うのである。そうであるならば、西欧の思想史においても、自然と人為は必ずしも両立しない場合があることになる。このように見てくると、自然との連関において人間の生き方が問われるときは、そこで展開される思想によって、「自然」と「人為」の関係の把握も多様になると言える。それは、多様な議論が展開され得るというポジティブな側面のみならず、「自然」と「人為」の関係の議論が混乱するというネガティブな側面を持つということでもある。

例えば、日本における一つの考え方として、あるがままの生き方、自然に生きることが良しとされることがある。しかし他方で、「朱に交われば赤くなる」と言われるように、悪しき環境に身をおけば、身を持ち崩すのは自然の成り行きであるとも言える。勿論、敢えて悪しき環境に身をおけばそれは人為であるとも言えるが、人がいかなる環境に生まれ育つかは自らの決定し得ないことであり、生まれ育つ環境がその人格にある影響を及ぼすのは自然なことである。とすれば、ここには人が自然に生きることにおける矛盾と、自然であることの是非が問われていると考えられる。

相良は「自然」と「人為」の問題を、「おのずから」と「みずから」の問題に換言して考えている。即ち、古来「自」は「みずから」とも「おのずから」とも解されてきた。ある人に発することは、その人「みずから」の為すことであり、「人為」である。それが善しとされるのは、それが「自然」である場合であるが、それでは何故、「人為」が「自然」であり得るのか。相良は、「おのずから」おかれた状況に「無私純粋に徹する時に、その状況に自然にして当然な「みずから」の生き方が見出されてくる」としている。しかし「その状況に自然にして当然な「みずから」の生き方」がどのようにして見出されるのか、そもそも人間が「無私純粋に徹する」ことが果たして可能であるのか、即座に次の問いが提起される。勿論、相良はこれらの問いの生ずる必然性を承知しており、この問いを最も厳しく受け止めたのが親鸞、明治以後では夏目漱石であると言う。西欧的自我意識の影響のもとに、容易に捨て去り得ざる「私」を意識し始めた漱石が、晩年に「則天去私」を標榜したことは周知のことである。ここには「みずから」がいかにして「おのずから」に成り得るのかを巡っての近代人の苦闘を見ることが出来る。但し、漱石は「自然」の代わりに「天」という言葉を用いた。これについて、源了圓は「自然ということばは近代においては天地や山川草木を意味するので、超越的契機に乏しい」ため、「キリスト者ではない漱石は彼の究極の心の拠りどころを「天」と言いあらわすほかなかったのであろう」と解している。ここには、「自然」という言葉が西欧近代の“nature”の翻訳語としてその超越的契機を失いつつあった事情を想起させるとともに、西欧思想の影響のもとで、問題の捉え方自体が近代的な枠組みに変化していったと理解される。

注

（1）例えば、西洋および日本の自然概念に関する思想史的研究としては、Collingwood（1945）や伊東（一九九五年）がある。また、世界の主要文化圏の自然概念をコンパクトに纏めたものとして、伊東（一九九九年）を挙げることができる。
（2）伊東俊太郎『自然』三省堂、一九九九年。

（3）ラテン語のnaturaはnascor（生まれる）から派生した語で、physisの翻訳語として使用され、その意味内容はギリシア思想と基本的に変わらない。勿論、中世ヨーロッパにおける思想的発展は別途考察されるべき問題であるが、ここでは割愛する。

（4）アインシュタインはキリスト教徒ではないが、彼の自然探求も、神の心を知りたいという動機によってなされていたという。歴史的には、同様の動機はイギリスを中心に多くの自然科学者に見られる。

（5）金谷治『老子』講談社、一九九七年。

（6）日本で最初に「自然」という文字が現れるのは『常陸風土記』においてであるとしている。伊東俊太郎『自然』、七三頁。

（7）相良亨『日本の思想』、三八頁。そこでは例として世阿弥『金島書』の言葉「山はをのづから高く、海はをのづから深し」が挙げられている。

（8）これは柳父章によって研究された興味深い事例である。柳父章『翻訳の思想』、三頁。

（9）伊東は厳本の自然観について、それを単に日本の伝統的な自然観というよりは、「そこに人間的情緒をも融かしこませながら、自然の「神韻」を感得するエマスンの超越主義やワーズワスのロマンティシズムの自然観」が背景にあると解釈している。伊東俊太郎『自然』、九五頁。

（10）柳父章『翻訳の思想』、四九頁。

（11）丸山眞男は近世から近代への政治思想史を「自然」から「作為」へ、という図式で捉えている。因みに、彼の議論の展開における問題点、特に「自然」という語の使用の中に、元々の自然の意味と“nature”の翻訳語としての意味とが混在しており、議論の中でそのことが意識されていないという問題については、柳父章『翻訳の思想』において詳細な分析がなされている（柳父章『翻訳の思想』、一四三頁）。

（12）相良亨『日本の思想』、五六頁。

（13）村上陽一郎『文明の中の科学』、七五頁。

〈参考文献〉


伊東俊太郎『自然』三省堂、一九九九年。

伊東俊太郎『日本人の自然観』河出書房新社、一九九五年。

川村永子『心の宗教哲学』新教出版社、一九九四年。
R. G. Collingwood, *The Idea of Nature*, Clarendon Press, 1945（コリングウッド著、平林康之・大沼忠弘訳『自然の観念』みすず書房、一九七四年）
相良亨『日本の思想』ぺりかん社、一九八九年。

源了圓「日本人の自然観」（新岩波講座哲学五『自然とコスモス』岩波書店、一九八五年所収）

武宮諦「自然と人為」（新岩波講座哲学五『自然とコスモス』岩波書店、一九八五年所収）

村上陽一郎『文明の中の科学』青土社、一九九四年。

柳父章『翻訳の思想』平凡社、一九七七年。

柳父章『翻訳語成立事情』岩波書店、一九八二年。

山折哲雄『日本人の心情』日本放送出版協会、一九八二年。

吉田忠「自然と科学」（相良亨他編『日本思想1　自然』東京大学出版会、一九八三年所収）

II

宮平　望

キリスト教と日本風土の接点

―和と間の概念を中心として―

山口県福栄村紫福《しぶき》の恵美《えび》の口にある「三位一体のキリシタン墓」。日本の江戸時代における三位一体理解を表す貴重な墓石。

はじめに

二十世紀は二つの世界大戦に血塗られた戦争の世紀であった。少なくとも数年前まで江湖では、こう回顧されていた。しかし、このような居然とした口吻は、対アメリカ同時多発テロや暴力連鎖の揺曳するパレスチナ問題を前にして言葉を失った。これらの出来事は、二十一世紀が依然として戦争の世紀であり続けることを仄めかす序曲かもしれない。二十一世紀に日本の果たすべき使命は一体何か。

一　日本の普遍的思想

二十一世紀の日本に問われるのは、いかにして日本が日本独自のローカルな文化を活用して平和の文化を対内的に構築し、更に対外的に世界に向けて、世界に理解される形でグローバルにこの平和の文化を発信し、展開できるかという点である。というのは、戦後日本は国際化の進展と共に他国との接触、交流の機会を増やしつつも、自己を他国に明確に表現できず、夙に他国から曖昧であるという不評を買っているからである。こうしたことから、日本の伝統的な価値観に基づいた特殊な思想や文化であって、なおかつ世界に通用するような普遍的な思想ないし文化が日本には欠落しているため、日本はアジアの他の諸国から理解されず、ひいては信用もされず、また現在世界的規模で尊重していくことが必要とされる生態系、人権、民主的政治、そして平和の文化の形成に積極的貢献をすることが甚だ困難であるという議論が散見されるようになってきた。

例えば、このような日本の普遍的思想の欠落及びその必要性に関する議論に、ドイツ近代政治史を専門とする京都大学法学部名誉教授の野田宣雄氏と日本政治思想史を専門とする学習院大学法学部教授であった坂本多加雄氏との対談、「キリスト教世界と日本の立場」がある。[1] その中で、野田宣雄氏は概して次のような点を指摘している。

日本が世界に対して自己の国際政治上の立場を明確に主張できないのも、対外的な経済政策が批判されるのも、世界の国々に理解されるような普遍的な宗教的原理を確立していないためである。例えば宗教という観点から見ると、サミット（主要先進国首脳会議）参加国は、日本を除外すればすべてキリスト教国であり、日本は西洋型の民主主義を基礎付けるものを何らかの日本的な原理に見出さない限り、欧米世界とのコミュニケーションが維持できなくなっていく。とは言うものの、日本がキリスト教国になるということは不可能である。従って結局のところ、「日本の伝統的なものの中にある、キリスト教とも相通じ得る普遍性をもった宗教的伝統に目覚めて、世界との交渉を考える必要がある[2]」、と言う。

ここで日本の「宗教的伝統」として日本神道を提示することはできない。日本の特殊性を極度に主張することになるからである。このことは、野田宣雄氏も認識している。「宗教的伝統」とは、日本の特定宗教の伝統を示唆しているのではなく、歴史的に日本人の存在と行動の様式を根源的に規定してきている伝統を意味する。

日本独自の神道とは異なり、欧米ではまず第一に、キリスト教が一種の普遍的思想として機能している。また第二に、思想の重要な媒介主体である言語に関しても、欧米の国々はインド・ヨーロッパ語族という共通の言語圏に属しているので、相互理解にかなりの期待が持てる。更に第三に、過去に大規模な民族移動を経験しているこれらの国々はある種の歴史を長期にわたり共有している。

こうした国々の共通事項の枠外に位置するのが日本という国である。キリスト教国でもなく、インド・ヨーロッパ語族にも属さず、こうした国々と民族の大移動という歴史も共有していない。確かに、十六世紀にはカトリックが、そして十九世紀にはプロテスタントが日本に入ってきたが、キリシタンを除けば、その後それらのキリスト教が日本独自のキリスト教となって発展したわけではないし、現在の日本のキリスト教徒人口も依然として一パーセント辺りに停滞している。キリスト教は日本では確かに、特に明治期以降、教育、政治、病院、福祉などの面で多大な貢献をし、多くの人を薫染したが、キリスト教が日本で活着し、土着したとは到底言えない。また、日本語がインド・ヨーロッパ語族とは隔絶した言語であることは言うまでもない。それどころか現在においてさえ、日本語は、韓国語などを含むアルタイ語族なのか、中国語などを含む中国・チベット語族なのか、タミル語などを含むドラヴィダ語族なのか異論が多出している。恐らく日本語は歴史的に種々の言語の影響を受けた複層的言語なのであろうが、その起源が曖昧なだけでなく、現在における日本語の表現方法も曖昧にされている。更に、現在日本にいる諸民族は欧米の諸民族と歴史的に大規模に交錯していない。しかし、最近の研究では、紀元前三世紀頃から七世紀頃までに数十万から数百万の人が北アジアから日本に渡来し、七世紀末までには日本の人口の七割から九割を占

めるに至ったことが知られている。(3)

このように、日本が依然としてキリスト教を深いレベルで受容してはいないものの、日本語がアジア地域の語族に属していること、そして、民族的にアジアと深く関与しているという事実は、私たちの視点を日本とアジアの関係に転位させてくれる。ちなみに、このアジアに位置する日本という視点が、先程の野田宣雄氏と坂本多加雄氏の対談では欠落している。また、日本の特殊な伝統的思想の中から、キリスト教思想とも通底し合う普遍性を具備した思想を見出し、それを闡明しつつ世界との交渉を進展させる必要がある、という時、この点に関してこの二人の政治学者は、キリスト教思想を援用しながら日本の普遍的思想を樹立するための具体的な指針や議論の方向性を指示していない。

こうした議論を背景にすると、「和と間」という主題は、極めて興味深いものと言えよう。「和」と「間」という言葉は、日本と極めて深い関係にある。「和」とは日本の通称の一つであり、日本は「間」というものを尊重してきた。また、こうした日本固有の概念が漢字によって表現されているということは、漢字の発祥地である中国、そして、日本と同様、漢字文化圏にある韓国やベトナムと、日本は「漢字」という共通事項を持っているということを認識させてくれる。(4) 更に、「和」とか「間」という概念は、キリスト教の中心教理である三位一体論においても必須の役割を果たしてきた。日本に特殊なものと思われてきたこれらの概念は、世界の普遍的思想の一つであるキリスト教の核心部分において通底しているのである。(5)

要するに、日本に固有の「和」とか「間」という思想は、日本だけで通用する特殊な概念なのではなく、漢字文化圏のアジアにおいても、キリスト教文化圏の欧米世界においても普遍的に理解されうるものであり、こうした思想を通して国際的に、民際的に相互交流を進展させ、平和の文化を構築していく可能性が大いにあると言えるだろう。

二　日本思想における和と間

(一)　日本思想における間

「間」という概念が日本の中心思想の一つであることは、人「間」、時「間」、空「間」といった、人間の生活と思索に必須の基本的概念に使用されていることから明白である。このように、「間」という語を後半に置く二字熟語を中心に人間概念、時間概念、空間概念の三つに分類、整理すると以下のようになる。(6) 但し、これらは便宜上の区分であって、一つの語が特定の概念範疇のみに厳密に適合するというものではない。

①　人間概念：人間、中間、半間、陰間、深間、幇間、仲間、反間、離間、讒間、細間、外間、民間、世間、俗間、巷間、坊間、退間。

②　時間概念：期間、年間、週間、旬間、朝間、昼間、夜間、瞬間、手間、間々、幕間、雨間、風間、潮間、船間、楫間、食間、狭間、合間、中間、作間、無間、為間、御間、安間、等間、幽間。

③　空間概念：居間、土間、落間、寝間、仏間、板間、床(の)間、柱間、梁間、欄間、格間、壁間、

京間、江戸間、田舎間、洋間、客間、別間、貸間、借間、大間、広間、空間、庇間、清間、小間、山間、谷間、渓間、峡間、林間、株間、波間、磯間、綾間、雲間、雪間、畝間、葺間、花間、垣間、石間、岩間、深間、物間、行間、字間、隙間、車間、軌間、径間、支間、塁間、区間、近間、狭間、中間、堅間、勝間、眉間、胸間、肋間、腰間、股間。

人間概念は、人間だけでなく、侍と小物の中間の身分を表す中間（ちゅうげん）、間が抜けている人を指す半間（はんま）、男娼を意味する陰間、恋人を意味する深間（ふかま）、機嫌取りの人を指す幇間（ほうかん、たいこもち）、また仲間、そして、その仲間を仲たがいさせるという意味の反間、離間、特に密告により仲間を仲たがいさせるという意味の讒間（ざんかん）、回し者を意味する細間、当事者以外の者を指す外間、人の集まりを示す民間、世間、俗間、巷間、坊間などがある。退職によってこの世間から離れるのが、退間（たいかん）である。ここで、民間、世間、巷間、坊間は、人の集まりの広がりを示唆することを考慮すると、空間概念にも近づく。

時間概念は、時間の長短はあれ、期間、年間、週間、旬間（十日間）、朝間、昼間、夜間、瞬間、手間、間々が時間の長さを示している。これに対して、幕間、雨間（あまあい）、風間、潮間、船間、楫間（かじま）、食間、狭間、合間、中間は、何かと何かの間に存在する一定の時間を指している。また、狭間、中間は、空間概念としても考えられる。作間は、農閑期の意味では時間概念であるが、畝と畝の間を指す点で空間概念でもある。無間（むげん）とは、絶え間なく苦難を受ける場である地獄、つまり、無間地獄という形で知られている。その他に、為間（いかん）も一定の時間を示し、御間（おあいだ）は暇な時間を意味し、安間、等間、幽間は、それぞれ安閑、等閑、幽閑とも書き、悠長な様、不注意な様、奥床しい様を醸し出している一定の時を示す。

空間概念は、家屋に関するものとして居間、土間、落間（土間と同じ意味）、寝間、仏間、板間、床（の）間、柱間、梁間、欄間、格間（ごうま）、壁間（へきま）、京間、江戸間、田舎間、洋間、客間、別間、貸間、借間、大間、広間、空間（あきま）、庇間（ひあわい）、清間、小間（こま）、自然に関するものとして、山間、谷間、渓間、峡間、林間、株間、波間、磯間、綾間、雲間、雪間、畝間、葦間、花間、垣間、石間、岩間、深間、また何らかの位置を示すものとして物間（ものあい）、行間、字間、隙間、車間、軌間、径間、支間、塁間、区間、近間、狭間、中間などが挙げられる。堅間（かたま）または勝間は目の細かい竹籠のことである。眉間、胸間、肋間、腰間、股間は、身体内の空間的な位置を示すという意味では空間概念と言えるが、当然人間概念の一部でもある。また、「間」は「けん」と読めば距離の単位で、六尺、一・八メートルという空間距離をも示す。

これらの熟語のうち、人間、空間、時間の概念の二つ以上に関係しているものがあるということは、極めて興味深い。例えば、空間概念でもあり時間概念でもある狭間、小間などがそうである。このことは、日本の伝統文化である能、狂言、落語、茶道、華道、柔道、剣道、相撲などにおいて重視される所作である「間合い」、「間を取る」という表現についても言える。[7] こういう場合の「間」とは、空間距離とも時間とも解釈できる。能や狂言などの芝居、そして、柔道、剣道、相撲などの武道が、二人を中心に行われる場合、そこで維持される「間」は、二人の間、つまり、人と人との間であるから、人間概念とも深く関係している。とにかく「間」は、日本の生活と文化において必須の概念で、「間」がないのは「間抜け」であるし、「間」の取り方が適切でないと「間違い」なのである。

このように「間」は、広領域に跨がる概念であるが、最も注目したいのは「人間」という概念そのものである。この語には四つ読み方がある。「にんげん」と読めば文字通り人の概念であるが、「ひとあい」と読めば人と人との付き合いを、「じんかん」と読めば、人の住む世間、社会を意味し、空間概念にも関係する。また、「ひとま」と読めば、人のいない間を意味し、人のいない時間に、または、人のいない場所で、と解釈できる。つまり、時間概念にも、空間概念にもなりうる。要するに、「人間」という語は、日本では、人間、空間、時間のすべてを包括する、日本思想必須の概念だということである。ちなみに、「中間」も「ちゅうげん」や「ちゅうかん」と読むことによって、人間概念、時間概念、空間概念となりうる。

日本の「人間」論を現代において最初に学問的な形で整理、検討したのは和辻哲郎で、その後、木村敏や浜口恵俊が人間論を発展させている。これらの人物は何らかの形で京都学派との関係があるので、まず京都学派の創始者である西田幾多郎から検討しよう。

(二) 西田幾多郎（一八七〇－一九四五）における統一的「間」理解

西田の思想は、純粋経験、場の理論、絶対矛盾的自己同一という具合に発展していくが、主観と客観の未分の純粋経験、ものの存在を場所における存在と規定する場所の論理、多と一、時間と空間などの相互補完性における同一性を説く絶対矛盾的自己同一は、およそこの世のすべての事象を無の場、無限の場へと統一的に纏め上げる試行と言えるであろう。ここでは、前述の人間論、時間論、空間論に関して、次の点を指摘したい。

西田は、後の発展的思想が萌芽状態で伏在している『善の研究』（一九一一年）の最後にこう述べる。[8] 我々が物を愛するというのは、自己を捨てて他に一致することである。自他合一、その間一点の間隙なくして初めて真の愛情が起こるのである。我々が自己の私を捨てて、純客観的即ち無私となればなるほど愛は大きくなり深くなるのである。ここで、西田が「物」を愛すると言う時、この「物」は物体に限らない。親子の愛情にも言及されているからである。つまり、人間論との関係で言うと、「愛する」という人間の最も深奥な行為は、自己を捨てて、間隙なくして、相手と合一することと解説されている。その際、西田は明らかに人間の独立した個的存在性より、相手への没入的一体性を強調している。人間関係に限らず、宇宙の統一者と定義される神との関係においてもそうである。同じく『善の研究』では、人間の精神は神の精神の一部分であり、人間は神において生きているということは、単なる比喩ではなく事実であるとまで力説されている。[9] つまり、西田哲学においては、人間個人の存在は愛する相手という場の中に、更に、神という無限大の場、空間の中に根源的に解消される傾向がある。ここで人間は、その空間的存在性が強調されている。

同様にして、初期の論文「ベルグソンの純粋持続」（一九一一年）の中で西田は、時間概念が空間概念に転換されて理解されるという例を挙げている。[10] 西田によると、例えば時計で時間を計るということは、時計の針の進行を文字盤上の空間的関係に移してこれを知るのである。時は戻すことができないと言われるが、いわゆる時間の根底には空間がある、空間的関係なくしてはいわゆる時間的関係を考えることはできない、という興味深い指摘を西田はしている。

こうした西田の主張は、私たちの日常言語を少し検討してみれば、首肯できる。例えば、丁寧な挨拶文で「先生におかれましては……」という主語は、人間概念がある場所を占める広がりを持った空間概念として表現されている。

また、時間概念が空間概念と結び付いている例として、次のような友人同士の電話での会話が想定できる。AさんがBさんに電話して、「もしもし、今何してる?」と聞き、Bさんがそれに対して、「今、本を読んでいるところ」と答えたとする。この会話を聞いて、誰も何の違和感も感じないであろう。しかし、よく検討してみると、Bさんの応答は奇妙にも思える。Aさんは「今」という時間に何をしているかを聞いている。それに対してBさんは今の状況を答えるのであるが、自然な日本語として、「今、本を読んでいる時」とは決して言わない。「今」は時間概念であるから、当然「時」が「今」に対応する概念であるにもかかわらず、Bさんは空間概念の優勢な「ところ」を使い、「今、本を読んでいるところ」と応答する。つまり、ここでBさんは、ある時間の中で発生している事柄を、同時に空間概念として把握し、応答しているると言えるのではないだろうか。

時間をこのような空間的広がりにおいて把握する例は、枚挙に遑がない。前述の例文と関連して、「今のところ」という言い方をすることもできるし、「今年辺り」、「来年辺り」という表現では、「今年」とか「来年」という時間概念が「辺り」という空間的概念で把握されている。また、西田哲学の中で最も重要な空間概念は「場」であるが、日本語では単に「夏」とか「冬」という代わりに、「夏場」、「冬場」と表現して、やはり季節を空間的に把握する。

このように西田哲学においては、そして日本思想においても、人間概念や時間概念が空間概念において把握される傾向がある。(11)

（三）　和辻哲郎（一八八九―一九六〇）における人間の「間柄」

「人間」という概念を二十世紀最初に学問的に検討したのは、和辻哲郎の『人間の学としての倫理学』（一九三四年）である。

第一に、和辻は「人間」という漢字は、中国で元々人間の世界、即ち世間を意味していたこと、そして、日本では誤って人を意味するようになったことを指摘する。「人間」という語は中国では古くは、漢字に訳された仏教の経典に出てくるが、この経典は、古代インドの神話を背景としている。その神話によると、生き物は五つの「ローカ（loka）」（パーリ語で「世界」）、「地獄中（nirayaloka）」、「餓鬼中（tiracchanaloka）」、「畜生中（pittivisayaloka）」、「人間（manussaloka）」、「天上（devaloka）」の間を転生している。ここで、これら五つの世界を表す用語の末尾にある「中」、「間」、「上」といった文字は、それぞれ「ローカ」の訳語である。「人間」とは人の「ローカ」、すなわち人の「世界」を示す。ところが中国の経典は、二語からなる「人間」や「天上」に合わせて、「地獄中」、「餓鬼中」、「畜生中」の「中」をしばしば省略し、「地獄」、「餓鬼」、「畜生」と記した。すると、「人間」は「餓鬼」や「畜生」といった生き物と対比されることになり、日本人は「人間」を「人」と理解し始めた。和辻は、こうした誤解が起こったのは、元々日本人が人を世間の枠組みで理解しているからだとした。

第二に、和辻は「人」の概念を分析する。現代において「人」には、次のような用法があることを和辻は指摘する。

① 自己と対比された相手としての「人」。例えば、「人の物を取る。」
② 一般の人々、世間としての「人」。例えば、「人は言う。」
③ 自己としての「人」。例えば、「人を馬鹿にするな。」

つまり、「人」は、自己、相手、人々を意味する。一人称、二人称、三人称、更に、複数形をも示している。ここから和辻は、世間を意味していた「人間」が、「人」を意味するようになったのは当然だ、と論じる。「人」には世間の意味もあるからである。このように日本人は、人間を「間柄」の存在として理解している。

第三に、和辻は仏教学の観点からいかに「人間」が「人」を意味するようになったのかを「絶対否定」という相互弁証法によって論じる。つまり、世間を全体と考え、それを構成する一人ひとりを部分と考えると、世間という全体が否定される時、一人ひとりが現れ、一人ひとりが否定されると世間という全体が見えてくると論じる。このように世間を意味していた「人間」と「人」は、不即不離の関係にある。

（四）木村敏（一九三一－）における「人と人との間」

精神病理学者の木村敏は、『人と人との間』（一九七二年）において、間という視点から人間を解釈しようと試みた。木村によると、自己が自己を意識するのは、自己が非自己と出合う時であって、非自己なしに自己は存在しない。そして、この二者を邂逅させる場を、便宜上「人と人との間」と呼ぶ。この「間」は、具体的に次のような側面を持っている。

第一に、この「間」は空間という観点から見れば、日本人の「義理」の関係において表現されている。この関係は人と人との横の繋がりで、日本の稲作の農作業における相互扶助に由来している。現在でも、ある親切を受ければ、何らかのお返しをすることが期待される、という習慣は残っている。

第二に、この「間」は時間という観点から見て、自己から両親、祖父母、祖先と遡及すると、日本人の「祖先」崇拝において表現されている。自己が時間的に最初に出合う非自己は両親である。ここで自己の存在は、非自己に依存しているが、同時に、両親の存在も子どもたちに依存している。子どもたちという非自己がいなければ、両親はもはや両親と呼ばれえないからである。つまり、人間の存在は自己と非自己の「間」に依存している。この考えを過去に延長して、現在の自己を生じさせた種々の「間」に対する崇敬の念を表したのが祖先崇拝であると木村は論じる。

第三に、空間的に、時間的に「自己」は、存在基盤を他者との関係において維持していることを、木村は更に「自分」という語から解説する。つまり、「自分」とは、「自」と「分」から成っているように、自己を超越した何かからの「自」らの「分」け前を示している。つまり、自分とは独立した個人ではなく、他者との「間」をも共有した概念なのである。

このことと深い関係にあるとして木村は、日本語の人称代名詞を取り上げる。西洋語において第一人称を表す用語は、英語の I, ドイツ語の Ich, フランス語の Je のように一つだけ存在し、それらは通常省略されない。しかし、日本語は「私」、「あたし」、「僕」、「俺」、「己」、「わし」、「我」など十以上もの第一人称があり、相手が誰であるのかによって自分の名称が決定されるだけでなく、しばしば省略される。つまり、日本において「自己」は、自己と他者との関係、「人と人との間」において決定され、時として自己はその「間」の中に吸収される。ここから木村は、日本では「人と人との間」という関係がまず存在していて、その後に自己の存在が決定されると論じる。

（五）　浜口恵俊（一九三一－　）における「間人主義」

日本研究の学者として知られる浜口恵俊の『「日本らしさ」の再発見』（一九七七年）は、日本に内在する概念枠組みを援用して日本の人間理解を解明する。

まず第一に、これまでの研究や自分自身の生活体験から浜口は、概して西洋人は、一定の価値観に基づいた自分の「規範」を基準として行動するのに対して、日本人は、自分が他者と共に置かれている特定の

「状況」に自分を適応させようとする、と説く。西洋の人間理解は、「個人（individual）」という用語に明確に現れていて、ラテン語の individus に由来するこの用語は、個人がそれ以上区分できないものであることを表している。つまり、西洋で個人とは、究極的にそれ以上区分できない単位であるため、他の個人や他者との関係によって侵害されてはならない自律性と自由意志を持った独立的主体を指す。西洋人は、自分の自由意志で選択した規範に自律的に従うというのである。一方、日本の人間理解は極めて関係論的で状況的であるため、浜口は日本の人間理解を適切に示す用語として、「人間」という語の語順を逆にした「間人《かんじん》」という新語を作り、西洋の「個人」に対応する日本の人間概念とした。この「間人」は、ある人とその人の状況、人間関係を本質的に含む用語として造られている。

第二に、浜口は日本のこうした人間理解を「アウトサイド・イン」と呼ぶ。元来「アウトサイド・イン」やその逆の「インサイド・アウト」とは、航空用語である。有視界飛行においてパイロットは「インサイド・アウト」を取り、操縦席前の窓枠を知覚準拠枠とし、地平線が飛行機の機体に対して動いていると知覚する。しかし、飛行機の離着陸時には、パイロットは知覚準拠枠を「アウトサイド・イン」とする。「アウトサイド・イン」は、地平線を固定された知覚準拠枠とし、それに対して飛行機の機体が動いているとする。例えば、パイロットは着陸時に最善を尽くして機体を、固定された地平線に対して水平に維持しようとするが、この知覚準拠枠は、安全な着陸のために必須であることは言うまでもない。すると浜口によると、西洋人の人間理解は、自己の内部の規範に判断基準を持つ「インサイド・アウト」であり、日本人の人間理解は、自己の外部の状況に判断基準を置く「アウトサイド・イン」となる。

人間の個人主義的理解と「間人主義」的理解の相違、「インサイド・アウト」と「アウトサイド・イン」の相違が、西洋と日本の各々が強調する徳の相違に反映されることは当然のことである。日本において強調される「和」の思想を、次に検討しよう。

(六) 日本思想における和

日本を表現する漢字を一字だけ選択するとしたら、「和」という漢字が最適であろう。まずこの漢字は、日本の国の名前と深く関係している。七世紀頃まで日本はアジア大陸の人々からは「倭」と呼ばれ、「倭」にいる人は「倭人」と呼ばれていた。この名称は、当時日本にいた人々がアジア大陸の人々と比較して小さい(身をかがめて従順になる、すなわち「倭」)と観察されたことに基づいている。一方、日本にいた人々は、自分の国を「やまと」と呼んでいた。これは、やまとの豪族の拠点が「やま」の「ふもと」にあり、「やまと」が四世紀中葉種々の地域の豪族を大規模に統率したためである。また、「おおやまと」、すなわち、偉大な「やまと」とも呼ばれ、漢字にそれぞれ「倭」と「大倭」を当てた。その後、七世紀初頭、聖徳太子は国名として「日出処《ひのいずるところ》」を使い、その後次第にそれと同様の意味を持つ「日本」という用語が使用されるようになった。

ところで、漢字は日本では五、六世紀頃からごく少数の人々が使い始めたが、漢字の意味を理解する人が増えてくると、「倭」と同一の発音でありつつも、「調和」や「一致」を意味する「和」という漢字が好まれた。その結果、「和」や「大和」という名称も利用され始めた。

現在でも、「和」という漢字は、日本を指す語としての用法が残っている。例えば、和歌、和紙、和書、和文、和本、和字、和学、和訳、和風、和食、和服、和室などが挙げられる。[12] また、日本人の名前の中にも「和」という漢字は多く使われている。更に、日本の殆どすべての集団において、「和」がその集団の維持のために必須の精神と見なされている。次に、この和の歴史的背景を検討してみよう。

（七）「和」の語源

語源的に「和」には、三つの字体、「和」、「龢」、「盉」があった。[13] これらすべてに「禾《か》」があり、それは「加える」を意味する。したがって、「禾」と「口」からなる「和」は「声を合わせる」こと、合唱を意味する。「龠《やく》」とは竹の楽器であり、「龢」は「龠を合わせて奏でる」こと、合奏を意味する。「盉」は、種々の材料を「皿」に加えること、料理を意味する。美しい合唱や合奏を演じるためには、声と声が、楽器と楽器が適切に調和していなければならないし、料理を上手に作るには、各々の材料が適切な時に、適切な割合で加えられる必要がある。つまり、「和」は元々「一致」や「調和」を意味した。

①「和」＝　禾（カ　加える）＋　口（くち）＝　合唱
②「龢」＝　禾（カ　加える）＋　龠（ヤク　竹の楽器）＝　合奏
③「盉」＝　禾（カ　加える）＋　皿（さら）＝　料理

日本人は、こうした意味を持つ「和」に適切と思われるやまと言葉を当てはめていった。「和」に当てはめられたやまと言葉には、次のようなものがある。

① 「和《な》ぐ」：波が静まること、人が落ち着くこと。
② 「和《に》ぎ」「和《に》き」：洗練されていて角が取れていること。例えば、「和稲《にぎしね》」は籾殻のとれた米、「和銅《にぎあかね》」は不純物を除去した純粋な銅のこと。
③ 「和《にぎ》む」「和《にき》ぶ」：親しむこと。
④ 「和《やわらぎ》」「和《やわら》ぐ」：心の穏やかな様や不和を避けて人と一致すること。
⑤ 「和《なぐ》さむ」：慰めること。

これらは言わば外国語であった「和」に対する古代日本の解釈であると言える。②の「和稲《にぎしね》」では、「和」の概念は稲作と関連付けられている。また、④における「不和を避ける」精神は、稲作の共同作業に不可欠のものであったと考えられる。このような精神は衰退せず、日本最初の成文法に正式に登場することになった。

（八） 十七条憲法における「和」

聖徳太子（五七四－六二二）に帰せられている十七条憲法（六〇四年）の第一条「以和為貴、無忤為宗（わをもってとうとしとなし、さからふることなきをむねとせよ）」は、「和」をその劈頭に飾っている。ここで説かれている「和」の意味を検討しよう。

第一に、「以和為貴」は、『論語』学而編の「礼之用和為貴（れいのわをもってとうとしとなす）」に由来するという説がある。しかし『論語』では、「和」は礼節と深く結び付けられており、「礼」の方が重視されている。十七条憲法でこの「礼」が削除されたということは、「礼」以外の何かを強調しようとしたと考えられる。

第二に、第一条の「和」を第二条の「篤敬三寶（あつくさんぽうをうやまえ）。三寶者仏法僧也（さんぽうとはぶっぽうそうなり）」という仏教的訓戒と結び付けて解釈する説がある。聖徳太子は、仏教の支持者であった蘇我一族の一員であることから、仏教の慈悲の概念に由来する「和」が提唱されていると考えることも可能である。

第三に、しかし、「和」の提唱と実践の急務は、根本的に当時の豪族たちの不和に由来すると考えられる。聖徳太子が実権を握り、中央集権国家を確立する前に、物部氏や蘇我氏といった豪族が激しく闘争していた。したがって、十七条憲法は当時の役人の一般的な道徳的訓戒であると同時に、当時の現実的諸問題に対する直接の処方箋であったのである。

（九）「和」の特徴

「和」に当てはめられたやまと言葉のすべての意味が、現在の「和」の用法に残っているように、「和」

の精神は日本人の心に残っている。恐らく、歴史的に長期間大規模に稲作を中心とする農業に従事してきた日本人共同体は、代々同一の場所に定住しなければならず、その家族的な共同体生活を通して、不和や論争を避け、隣人と和を保ちながら生活する知恵を体得していったのであろう。特に戦後、農業人口が激減しても、種々の集団において依然として和の精神は生きている。日本ではある意味で、「ファームワーク（農作業）」が、日本人の生活の「フレームワーク（枠組み）」を形成してきたとも言えるであろう。

浜口恵俊は『「日本らしさ」の再発見』で、「和」をその具体的な徳として持つ間人主義の特徴を、S・ルークスの記述する個人主義の特徴と対比して、三点挙げている。[14]

① 個人主義は、確立した不可侵の自己の維持と発展を目標とするが、間人主義は、相互依存と相互援助に基づいている。

② 個人主義は、自己に対する信頼を強調し、自己の願望は自分自身で満たさなければならないとするが、間人主義は、人間相互の信頼性を重視する。

③ 個人主義は、相互の人間関係を自己の利益のための手段と見なし、間人主義は、人間関係自体を目的と見なし、他者との関係自体が本質的に価値があると考える。

以上、日本思想における間と和を略述してきたが、こうした日本思想は、他の文化圏の思想と比較するとその特徴が一層明確になる。次に、キリスト教思想における間と和の概念を検討しよう。

三　キリスト教思想における和と間

（一）　ナジアンゾスのグレゴリオス（三二五／三三〇－三九〇）の三位一体論における神の「間」

キリスト教の教理史上、正統的な系譜に属する神学者たちの中には、「和」や「間」といった概念を駆使して、三位一体論というキリスト教の中心的な教理の解説を行った人物がいる。三位一体論とは、二〇〇〇年前に地中海東部パレスチナ地方に肉をまとい人となった「御子イエス・キリスト」と、その「御父」なる神と、イエスの十字架上での死と復活の後、この世に明確な形で送られた「聖霊」の三名が一体であるという教理である。御父と御子と聖霊は、それぞれ確かに神でありつつも、一体であり唯一の神であるという神学的主張は、爾来、教会内外の多くの人々の頭を悩ましてきた。御父と御子と聖霊がそれぞれ神なら、キリスト教は三神論ではないか、と誤解されてきたからである。しかし、ユダヤ教を母胎とするキリスト教は唯一神論を継承しつつ、イエス・キリストと聖霊も御父と同質の神であることを三位一体論という形で説明しようとしてきた。そうした神学者の一人がグレゴリオスである。

グレゴリオスは、現在のトルコの中部、ナジアンゾスと呼ばれた地域出身の神学者である。彼は『神学講話』（三八〇年）において、子としてもうけられない方（＝御父）ともうけられた御子の「間（mesos）」にいる聖霊は神である、と述べている。

第一にこれは、御父、御子、聖霊の三者には相互に明確な区別があることを示している。もし、ここでグレゴリオスが、御父と御子の中（en）に聖霊がいる、と表現すれば御父または御子と聖霊は同一であると理解されかねない。また、この表現だと御父と御子の区別も明示されえない。しかし、御父と御子の間に聖霊がいる、という表現は、聖霊が御父と御子の間に介在していることによって、御父と御子との間に「間」がある、区別があることを示している。更に、聖霊が御父と御子の間にいるのであれば、聖霊と御父、聖霊と御子との間にも「間」がある、区別がある、と理解できる。

第二に、同時に聖霊が御父と御子の間にいるという表現は、この三者の密接な関係を示唆している。この三者は相互に「間」が保てないほど、お互いから乖離していないからである。確かに、御父と御子と聖霊の共有する間は相互を区別する間であるが、その間は、相互に間を無限に取らせ、もはや関係自体を持たせないような形で機能してはいない。

第三に、グレゴリオスは明示していないが、聖霊が御父と御子の間にいるなら、同様にして、御子は御父と聖霊の間にいる、そして、御父は御子と聖霊の間にいるとも言える。ここで日本思想を応用して表現すると、人と人との間にいるのが人間なら、神と神との間にいるのは「神間《しんかん》」だと言える。つまり、聖霊なる神は御父なる神と御子なる神の間にいる「神間」なのである。同様にして、御父も御子も「神間」と言える。すると、御父と御子と聖霊は三人の神ではなく、三つの間、三つの「神間」だと論じることができる。

（二）　ノヴァティアヌス（二〇〇頃―二五八頃）の三位一体論における神の「和」

神を「和」という視点から解釈した人物にノヴァティアヌスという神学者がいる。彼は、三世紀のローマの教会の学識ある長老であった。彼の『三位一体論』（二五〇年以前）に基づいて、彼の三位一体論解説を参照しよう。

第一に、ノヴァティアヌスは、「和」の概念を御父と御子の関係を表現するために利用する。彼は、「ヨハネによる福音書」十章三十節の「わたしと父とは一つ（unum）である」という御子の言葉において、中性形の「一つ（unum）」とは、「共同的な和（societatis concordia）」、「愛の共同体（caritatis societas）」、「判断（sententia）の一致」を示し、一人の人（unus）ではないと解釈する。

第二に、この和は、単に御父と御子の倫理と理性における一致ではなく、存在論的に深遠な一致を示している。ノヴァティアヌスは、御子も神であることを論証しようとする時、「詩編」四十五編二節の「私の心（cor）は、美しい言葉を押し出す」という句を引用する。つまり、御父なる神の心は、「ヨハネによる福音書」一章一節にあるように言葉、ロゴスである御子を宿していて、御父の心の具現化として御父の言葉である御子を送り出す、とノヴァティアヌスは理解する。「和（concordia）」が、ラテン語で「同じ（con-）」「心（cor）」を意味することからも明白なように、御父と御子は、同じ心を共有しているほど密接に一致しているのである。

第三に、ノヴァティアヌスは言及していないが、当時、聖霊も御父と御子と同様に神として理解されていたことを考慮すると、和を維持しているのは、御父と御子のみではなく、御父と御子と聖霊の三者である、と言える。つまり、御父と御子と聖霊は、この「和」において一つであると論じることができる。

三世紀以降現在に至るまで、御父と御子と聖霊は、「三」つの「ペルソナ (persona)」、そして「一」つの「スブスタンチア (substantia)」と表現され、日本では、「三」つの「位」格、「一」つの実「体」と訳され、「三位一体」と表現されてきた。しかし、グレゴリオスとノヴァティアヌスを参考にすれば、「三」つの「間」、「一」つの「和」、つまり、「三間一和《さんかんいちわ》」と表現することも可能である。そして、日本風土においては、この方が理解し易いであろう。「間」といい「和」といい、日本固有の思想と通底しているからである。この二人の神学者が教理的に正統的であることを考慮すると、「三間一和」という定式は、日本のキリスト教において、また神学において十分通用する表現であると言うことができよう。

（三）「ヨハネによる福音書」における御父と御子と聖霊の「間」と「和」

前述のグレゴリオスとノヴァティアヌスの解釈に基づいて、「間」を区別の概念、「和」を一致の概念と理解して、更に、御父、御子、聖霊の神の相互関係について聖書自体からも検討しておこう。その際、御父、御子、聖霊の相互関係を最も詳細に叙述しているヨハネによる福音書に焦点を当てる。「ヨハネによる福音書」は、三～五世紀、三位一体論の形成期に最も頻繁に活用された文書である。

まず、御父、御子、聖霊の相互の「間」、区別は、相互の証言関係という形で明示されている。当時の法律では、自己証言は無効とされていたため（「ヨハネによる福音書」五：三十一、以下同様に、「ヨハネによる福音書」からの引用はすべて章節のみ表記する）、御父が御子について証言すること（五：三十七）、聖霊も御子について証言することから(十五：二十六)、御父、御子、聖霊は区別を持った別々の存在であることが明白である。

こうした三者の区別を統一する神の「和」とは、具体的に知識と委託と栄光の働きである。御父、御子、聖霊は、相互によく知り合い、相互の区別、相違を認識し、それぞれの職分に応じて神の業を委託し合い、その業を栄光ある形で完遂し、相互に賞賛する。神は、相互の知識を深め、相互に特定の神の業を委託し合い、相互に栄光を与え合うことにおいて、御父、御子、聖霊の絆を深めていく。

更に、神が御父、御子、聖霊において相互にこうした関係を深めていくのは、神の天地創造以前からの自由な愛のゆえであると明示されている。次のように、知識、委託、栄光に関して、自由な愛がその動機となっている。

①　知識：御父は御子を「愛」して、自分のすることをすべて御子に示す(五：二十)。

②　委託：御父は御子を「愛」して、その手にすべてをゆだねられた(三：三十五)。

③　栄光：天地創造の前から御父は御子を「愛」して、御子に栄光を与えた(十七：二十四)。

このような神の業は、御父と御子の関係に限定されるものではなく、御子の業を引き継ぐ聖霊にも関係するものであり、更に、こうした三間一和の神の業が、人間の救いのためのものであることに留意すると、神の和は御父、御子、聖霊の内にとどまらず、人間に対して開放的であることが明白である。また、御父、御子、聖霊は人間の救いに関してそれぞれの働きに基づき、他の二者に特定の働きを委託し、同時に、背後で奉仕をしている。要するに、神の和は、自由に基づき、開放的であり、相互奉仕的であることをその性質としている。

四　日本思想とキリスト教思想の接点

日本思想とキリスト教思想の双方において、間と和という概念が中心的役割を果たしていることを検証してきたが、両者を比較しつつその特質を浮き彫りにしよう。

キリスト教の三位一体論、三間一和論は、区別の概念である間と、統一の概念である和の均衡が保たれていることを示している。つまり、間が強すぎれば、御父、御子、聖霊は分断されて三神論に陥るし、和が強すぎれば相互の区別が消滅し全くの一神教になる。歴史的にキリスト教は、この二つの極論を精妙に回避してきた。三間一和論は、御父、御子、聖霊の相互の区別と一体性のダイナミックな均衡が保たれていることを明示している。

こういう視点から見ると、日本の集団主義とは、人と人との間（区別）が人と人との和（一致）によって過度に抑制されている状態として認識することができる。つまり、日本においては、人間の個別性より全体性が強調される傾向がある。和辻哲郎は、全体性と個別性の相互の絶対否定を説いたが、戦時中否定されたのは、人間の個別存在だけであった。国家という全体性が否定されることはなかった。和辻哲郎の体系において、相互性は戦時中全く機能しなかったと言える。また、木村敏は「人と人との間」を義理関係や祖先崇拝という形で具体化し、人と人との結び付きの方向で把握した。浜口恵俊の「間人主義」も、日本の人間観を相互関係の深まりの方向で考察した。要するに、キリスト教の三間一和論で「間」とは区別概念であるが、日本思想では一致の概念、「和」の概念が「間」の概念に混入している。

語源的に、「間」は本来「門」構えの中に「月」と書き、閉じた左右の門の隙間から月の光が射し込んでくることを意味していた[15]。つまり、閉じた左右の門の間に隙間があり、差し込む月の明かりによって左右の門の区別が明示されるように、本来「間」とは区別の概念である。日本思想は、漢字の語源研究などを通して中国の古代思想を研究し、自国の集団主義的思想を相対化することができるであろう。同様にして、「人」という漢字も、よく日本で聞かれるように、二人の人が支え合っていることを示しているのではなく、単に、一人の人を横から見た象形文字に過ぎない[16]。

逆に、西洋の個人主義は、人と人との間が人と人の和より優勢である状態として認識できる。これは、他者を自分の目的完遂のための手段と見なし、自分の利益にならない人を疎外し、距離を置くという非人間的状態である。

また、「ヨハネによる福音書」から神の和の特質として、自由、開放性、相互奉仕という三つの要素を抽出した。これとの比較で日本の和の否定的側面を挙げよう。第一に、日本の和は、強制的に維持される場合がある。和の重要性が誇大視され、和は具体的に強制的な方法で提示される場合がある。例えば、江戸時代に組織された「五人組」、戦時中の「隣組」などが、強制的な「和」の維持の例として挙げられるであろう。こうして、集団に服しない人々は排除される機構が確立されていった。第二に、日本の和は、排他性を持つ傾向がある。和の集団は、その集団の習慣や実践に馴染まない人に対して、また別の集団の人々に対して、排他性を見せることがある。第三に、日本の和は、概して過度な平等性を強調する。これは、日本において個性が抑圧されるという状態と連動している。本来人間は、一人ひとり異なる存在であって、その個性に基づいて個別の生き方を模索させるという意識が日本では薄く、すべての人に画一的な教育を施し、表面上平等な社会を維持しようとする。

更に、西田哲学においては人間概念と時間概念と空間概念の境界線が曖昧になることを指摘したが、これらの区別が曖昧になると、責任体系が瓦解する。責任体系は、誰が、いつ、どこで、何をした、つまり、当該の人間と時間と場所と内容が個別に確定して初めて責任ある言明が成立する。これらが明示できなければ当然、責任の所在が不明確になる。西田哲学では、人間も時間も空間に、場所に転位されることを見たが、いわゆる日本の曖昧性は、すべてを「場」に解消する点にあると言えるであろう。しかし、場所は責任を取れる主体ではない。

以上、日本の和の否定的側面を検討してきたが、勿論肯定的側面もあることは言うまでもない。労働における「和」の精神は生産効率の向上に繋がるし、「場」に対する関心は、人間の生きる究極的な場である生態系に対する関心を引き起こしうる。この点に関する日本の課題は、地球の生態系を回復不能な程度まで壊滅させずに、広義の商品の生産効率を維持することにあると言えよう。

おわりに

「和」と「間」という日本の思想は、日本においてのみ通用する特殊なものではなく、漢字という表現方法を通してアジアの漢字文化圏において、またキリスト教との接触を通して世界においても理解される普遍的な思想であると言えよう。しかし、ここで重要なことは、日本の思想は、漢字の語源を遡及し、もとの中国での意義を検討することによって、更にキリスト教との比較を通して相対化されなければならないということである。二十一世紀の日本は、日本思想の特殊性や固有性に安住するのではなく、アジアの漢字文化圏において、またキリスト教世界において、日本特有の方法で「間」と均衡の取れた「和」の思想を、世界に通用する平和の思想として展開していくことが期待されるであろう。

何よりもまず日本の国際化は、アジアとの連携なくしては無意味である。現在、英語が世界共通語のように一般に考えられているが、漢字を使用している人口は英語を母国語とする人口の五倍以上に上ると言われている。日本の国際化に必須の急務は、中国、韓国、ベトナムなど、他の漢字文化圏との交流を深め、共通の文化と思想を共同で構築していくことである。二十一世紀の日本の真の国際化は、「脱亜入欧」によってではなく、言わば「復」亜入欧によって進展すると言えるであろう。そして、それと同時に日本は、自己の特殊性を相対化する「脱自」の意識を涵養する教育が必要とされる。

その「脱自」への第一歩は、他者への開放性を確立することであろう。日本思想において賞翫されている思想の一つである「ば(場)」という語は、「庭」の転化したものである。[17] そして、「庭」は他者を招き入れることのできる公共空間である。二十一世紀の扉を開いた私たちは、同様にしてアジアに対して、世界に対して扉を開き、他者を迎え入れる時、確かにそこに新しい曙光を見出すことができるであろう。

注

(1) 宮平望『責任を取り、意味を与える神』第三章、宮平望『苦難を担い、救いへ導く神』第三章を参照。また、これらの背景として、宮平望『神の和の神学へ向けて』も参照。
(2) 野田宣雄・坂本多加雄「キリスト教世界と日本の立場」、『季刊アスティオン』二五号、一九九二―夏、六七頁。
(3) 埴原和郎編『日本人と日本文化の形成』を参照。
(4) 加藤周一・一海知義「漢字文化圏の未来」、『世界』二〇〇〇年六月号を参照。
(5) こうした視点は、キリスト教とその派生文化圏の西洋だけが世界に通用する普遍性を具備しているという見解を瓦解させる。
(6) 以下については、「間」、藤堂明保編『学研　漢和大字典』一四〇二頁を参照。
(7) 剣持武彦『「間」の日本文化』を参照。
(8) 西田幾多郎『西田幾多郎全集　第一巻』一九七頁。
(9) 西田幾多郎『西田幾多郎全集　第一巻』一七六―一七七頁。
(10) 西田幾多郎『西田幾多郎全集　第一巻』三二八頁。
(11) 人間概念が場所、空間概念に移相することについては、宮平望『苦難を担い、救いへ導く神』第一章を参照。
(12) 「和」、藤堂明保編『学研　漢和大字典』二二七―二二八頁、許慎『説文解字注』五七、八五、二一二頁を参照。
(13) 向坂寛『和の構造』、高際弘夫『日本人にとって和とは何か』を参照。

(14)　S・M・ルークス『個人主義』を参照。
(15)「間」、藤堂明保編『学研　漢和大字典』一四〇二頁、許慎『説文解字注』五八九頁を参照。
(16)「人」、藤堂明保編『学研　漢和大字典』四三頁、許慎『説文解字注』三六五頁を参照。
(17)「にわ［庭・場］」、新村出編『広辞苑』二〇四七、二一〇二頁を参照。

「国体」・「異人・耶蘇」・「信教自由」

堤　啓次郎

1872年，横浜に設立された日本最初のプロテスタント教会「日本基督公会」（建物は1871年に建築）
（佐波 亘編『植村正久と其の時代』第1巻，438頁）

はじめに

大日本帝国憲法第二八条は、「日本臣民ハ安寧秩序ヲ妨ケス及臣民タルノ義務ニ背カサル限ニ於テ信教ノ自由ヲ有ス」と規定した。ここに、近代日本における「信教の自由」はまがりなりにも実現した。キリスト教徒は、これをキリスト教の法的地位が公認されたとして歓迎した。しかしこの「信教の自由」は、「安寧秩序」・「臣民ノ義務」という、他の条文の「法律の定める範囲」などの規定とは異なった、解釈の幅を大きく許す制限に拘束されることになった。これを『憲法義解』は、「内面」の「信教ノ自由ハ完全ニシテ、一ノ制限ヲ受ケズ」、「外面」の「礼拝・布教ノ自由」は法律・規則の制限を受けると解説する。すなわち、「信仰帰依ハ専ラ内部ノ心識ニ属スト雖、其ノ更ニ外部ニ向ヒテ礼拝儀式布教演説及結社集会ヲ為スニ至テハ、固ヨリ法律又ハ警察上安寧秩序ヲ維持スル為ノ一般ノ法律ニ遵ハサルコトヲ得ス、而シテ何等ノ宗教モ神明ニ奉事スル為ニ法憲ノ外ニ立チ国家ニ対スル臣民ノ義務ヲ逃ル、ノ権利ヲ有セス」（岩波書店、五二―五三頁）と。帝国憲法は、その主旨として、天皇は「万世一系」「神聖不可侵」の国家元首であって統治権の総攬者であり、憲法の条規によってこの統治を行う、と規定しており、「信教の自由」はその神権的で絶対的な天皇権威のもとで認められた「自由」であった。

日本近代国家の形成期における国家と宗教のかかわりに関しては、安丸良夫・宮地正人編『宗教と国家』（日本近代思想大系5、岩波書店）が関係史料を集めて、多くの示唆を与えてくれる。以下、この史料をふまえながら、キリスト教がこの時点に至るまでの状況と特徴を跡づけてみよう。

一　浦上キリシタン弾圧

政府の、信仰を「内面」に限定し、信仰の具体的実践である礼拝・儀式・布教などを「外面」として区別し、これに国法の適用を行使する姿勢は、すでにキリシタン弾圧時に見られる。

徳川幕府のキリシタン邪宗視・禁教政策を継承した維新政府は、一八六八年から翌年末にかけて、長崎県浦上村の信徒三千余名をとらえ、二〇藩に配流した。これに対して、イギリス公使パークスをはじめ、各国公使が抗議する事態となり、外交問題化した。一八六九年十二月十八日、右大臣三条実美、大納言岩倉具視ら政府首脳と、イギリス・フランス・アメリカ・ドイツ各国公使団との会談が開かれた。

会談における日本側の主な主張は、次の二点である。第一は、浦上キリシタンにたいする日本の措置は宗教上の措置ではなく、政治的な統治上の措置である、という点にある。日本側は、彼らが「隣人に対し敵意ある横柄なふるまいをし、多くの騒動を引き起こした」、「政府の命に公然と叛逆した」から罰したのであり、「全く政治的諸理由による」、「キリスト教自体を排斥しているのではない」と説明した。日本政府は成立したばかりであるために画一的な信仰を必要としており、また政府への反対勢力が存在するゆえに、キリスト教を是認することは「深刻な国内亀裂を招来し、我が国を分裂させるだろう」とも述べた。第二は、キリシタンは、伝統的な神仏信仰を拒否し、特に皇太神宮を崇敬しない、そのことは天皇を尊崇しないことになる、という主張である。「我が国の政治制度とミカドの権威は、我が国の宗教を土台に成り立っています。ミカドは国民が敬礼尊崇する天照大神ならびに天孫の御後裔であらせられます。キリシタンは、すべての国民が神聖なものとして考えなければならない対象を公然と侮辱するのです」として、キリシタンが神社の鳥居をくぐらず、仏壇・位牌や神棚・神宮大麻を家から除去していることなどを例挙している（安丸良夫・宮地正人編『宗教と国家』三〇九―三一一頁）。

これらの主張は、一八七一年十月、欧米視察に出発する直前の岩倉がイギリス代理公使アダムスと行った会談においても、明確に示されている。岩倉は特に、「天皇陛下は天照大神からのたえることのない血統の御子孫であらせられ、従って神性を有する御方であらせられると日本の国民が信じることは絶対に必要なことである。しかしながら、キリスト教ではその信者たるや神以外のなにものも信仰してはならぬと説いており、これは私どものこの信念に直接対立するものである」と主張した（同前、三一四頁）。

政府首脳の主張に関しては、次のことが留意されよう。第一に、信仰に関する「内面」と「外面」とを区別する論理を打ち出し、「外面」を統治の対象とする姿勢を明確にしていることである。上記の政府側主張の第一点の、キリシタン配流は、宗教上の弾圧ではなく、統治上の政治的措置であるという論理は、形式的ではあるが、信仰という「内面」を問題視したのではなく、彼らの信仰行為・生活が村内の不調和・対立をもたらし、統治の困難をもたらしたという、「外面」が政府への「叛逆」にあたるゆえに処罰したとする。これは、信仰を心の「内面」にのみ封じ込め、信仰の実践としての行動を「外面」として国法の適用対象とする形で統制する論理である。

第二は、「内面」を問題視しないといいつつも、天皇の神聖意識を形成・維持するために、天照大神への崇敬＝神社崇敬という形で、実質は神社崇敬という信仰を要求している。国家と政権を成立させる基盤を天皇の神性と権威性に置き、それを神社崇敬によって実現しようとしている。キリシタンの唯一神のみの信仰・神祇不拝は、伝統的な神仏信仰を拒否し、天皇の神性を否定することになり、キリスト教は天皇制的価値体系に基本的に対立する信仰であると位置づけられることになる。キリシタンは、「デーウスと申尊仏有レ之、日月、星辰、人畜、草木に至る迄、悉く賜物に有レ之、就中人間は万物の霊にて禽獣と違ひ、アリマ（アニマ＝霊魂）と申は不二消失一、此世にて諸人え無理不レ致、正直に農業相営み、一心にデーウスを頼り候へば、死後は善世界に生れ、アリマ助り候」、と信仰していた（同前、二八四頁）。キリシタンの信仰心は篤く、改宗・棄教を目的とする弾圧は効果的な展望を持ち得なかった。

後の歴史展開との関係で先走っていえば、第一の「内面」・「外面」の問題は、「信教の自由」の問題であり、近代国家の基本的な構成原理としての普遍的な性格にかかわるものであり、日本が近代国家の形成を進める以上、無視することはできない。従って矛盾の解決は、「信教の自由」を許容しつつ、神道崇敬によって天皇尊崇を確保する道であり、それは神道の宗教性を否定する方向において行われることになる。後の「国家神道」の道である。神道は宗教ではない、皇祖・祖先・功臣を祭る「国家の宗祀」であり、天皇をその国家祭祀の総括者として位置づけ、神社崇敬を「臣民道徳」として実践させることによって、天皇崇敬を確保することが意図されたのである。これによって、憲法第二八条の「内面」の「信教ノ自由」を承認しながら、「外面」の信仰実践を「安寧秩序ヲ妨ケス及臣民タルノ義務ニ背カサル」ように限定し、国法の対象とすることが可能となる。

このように、維新政権のキリシタン弾圧は、明治国家がその後直面する課題を、その端緒的形態において示したのであった。

二　「国体」論

先述のように、キリシタンは、天地・人間創造と人間の生き方・倫理、死後の救済を信仰しており、この世界観は、天皇の権威と正統性を根拠づける国体観念と鋭く対立するものであった。

維新政権は、王政復古・神武創業、祭政一致を新政の理念に掲げ、神道国教化政策を実施した。幕藩制国家を解体させ、列強の圧力のもとでの近代的民族国家の形成を進める軸が、天皇の神権的権威と絶対性に置かれた。天皇が、天神地祇と皇霊を祭祀し、これを国家形成の基本とし、政治の中核とするものであり、神道と国家および天皇との結合がその基本に置かれた。

政府は、一八六八年一月、太政官七科制を実施して神祇科をその筆頭に置き、閏四月に神祇官を再興した。翌年七月、神祇官を太政官の上位に置いた。そのもとに宣教使を配置し、キリスト教の防遏にあたらせるとともに、一八七〇年一月に「大教宣布の詔」を発して、天皇を中核とする「惟神の大道」を教化させた。この間、一八六八年三月には神武創業に基づく祭政一致の布告を発し、吉利支丹を「邪宗門」とする五榜の掲示をだし、神仏判然令を指令した。

天皇の権威は、幕末の国学、特に平田国学、および後期水戸学によって形成されてきた天皇親政・祭政一致論、国体論イデオロギーに根拠づけをおいている。「イザナギ・イザナミによる国産み」、「天照大神による高天原の主宰」、「その孫ニニギの天孫降臨」、「神武の初代天皇としての即位」という記紀古典に基礎づけられた国体論は、天皇の親裁者としての能動性を強調し、天皇の「万世一系性」の論点を前面におし立て、日本の国家的特質としての天皇統治の正統性と歴史的連続性を説いて、現実の天皇統治を根拠づけるものであった。

国体論は、維新期の歴史的情勢に対応して、廃藩置県の前後のころに、特徴が定まる。神道国教化政策の推進のなかで神道家・国学者による神道教義の整備の作業が進むが、キリスト教防遏を最重要課題の一つとしたがゆえに、教義はキリスト教の教義に対抗する形で形成され、またその影響を受けることにもなった。さらに、廃藩置県の実現は、神道教義にたいする政治の優位性を強め、国体論にも影響を与えた。

神祇官―宣教使体制は、神道国教化とキリスト教の防遏を直接の目的として出発するが、内部の神道家・国学者の間には、例えば伊勢神宮系、出雲大社系、あるいは平田国学系など、教義・教派的にも人脈的にも複雑な対立を含んでいた。その一つに、祭神の性格をめぐる対立があった。平田国学系、すなわち復古神道系は、「造化三神（天御中主神・高皇産霊神・神産霊神）、天照大神、大国主神」を祭り、多神教的な性格をもっていた。造化神のなかでも、天御中主神は天地創造をつかさどる神とされており、神道家のなかにはこの神を最高神とする一神教的性格を主張する者もあった。大国主命は人間の審判神であり、幽冥界をつかさどった。復古神道は、造化神・皇祖神・幽界盟主神によって、世界を構成した。これに対して、一八六九年、小野述信は、天照大神を天地万物の創造・主宰神とする一神教的な主張を展開した。天皇の祖先神を最高神とするこの説においては、天照大神―天皇の関係は、天主―キリストの関係に対応しているといえる。小野は、宣教使の設置を献策した人物であり、浦上キリシタンの弾圧時、長崎に宣教使権判官として宣教のために赴任し、津和野・山口でキリシタンの教諭に従事した人物であった。神祇官下の宣教使内部における神道家・国学者間の複雑で激しい対立は、結局、国教化すべき神道としての教義を統一・整備することを失敗させ、神道国教化政策の崩壊の一因となる。

一八七一年七月十四日、政権は廃藩置県を行って国家的統一を実現し、天皇政府のもとでの中央集権国家建設の基礎を築いた。中央官僚の優位が確定し、尊攘派や反政府派、平田派神道家などは排除された。この政治的状況と対応して、天皇統治の根拠づけの動きも強まる。太政官は、廃藩置県の直前の七月四日、「大教旨要」を諸藩に達した。「大教旨要」は、天照大神を天皇統治の淵源としての皇祖神と位置づけ、天皇統治の正統性を確立した。「皇恩」という恩恵を「国民」が等しく享受することを説いて、天照大神への敬神と天皇への尊崇を求めた。この政策の背景には、江藤新平が、天皇権威の動揺を予防する意図から、神学論争から天照大神を分離することを主張し、三条実美が「天祖ヲ以テ外教ノ主祖ニ比シ、之ヲ教法ノ具トスルハ固ヨリ不可ナリ」と説いたような事情があった。「大教旨要」は、国体イデオロギーの軸として天照大神＝皇祖の位置を確定し、ここに天皇は宗教・宗派を超越して、祖先神・皇霊・功臣を祭祀する「国家の宗祀」の祭主、「国家的・民族的祭祀体系を総括する祭祀権の掌握者」となった。これによって、後に紆余曲折をへることにはなるが、神祇官廃止後の教部省のもとで仏教を国民教化政策に動員することが可能となり、キリスト教の黙許すら射程に入れられることになった（羽賀祥二『明治維新と宗教』一七八―一八二頁）。

こうして、国体論イデオロギーの中核が整備されたが、このことは、国内布教を意図するキリスト教にとっては、その困難をいっそう強めることになったと考えられよう。国体イデオロギーは、国土創成から天照大神の高天原主宰、天孫降臨、初代天皇即位の構造と歴史の展開全体を説き、「万世一系性」によって現在までの連続性を筋立て、そのもとでの臣民の生き方を説く、いわば一種の世界観と倫理を意味するものである。天皇が国体論にもとづいて、価値と世俗の権力とを独占しようとするとき、唯一の創造主としての神を信仰対象とするキリスト教は、その価値体系に基本的に対立するものと位置づけられることになる。キリスト教がこれに価値的に対抗することは難しいことであった。

三 「異人・耶蘇」と民衆運動

キリスト教禁教政策は、一八七三年、高札が撤去されることによって終わり、日本におけるキリスト教の浸透と活動は新しい段階に入る。

一八七一年十一月、岩倉視察団が欧米視察に出発したが、岩倉らは、各訪問先で、浦上キリシタン問題の解決とキリスト教信仰の解禁を求められた。最初の訪問先アメリカでこのことに直面した岩倉は、全権委任状を受け取りに帰国した大久保利通、伊藤博文に高札の撤去を建言させたが、留守政府の容れるところとならなかった。一八七二年十月、イギリスで岩倉は「政治上害無きものは之を咎めることなし、終には寛恕の期に至るべく候」と表明し、フランスでは、禁制を解除することが必然であると述べ、翌年二月、ついにベルギーからキリスト教禁教政策を解除することを求める電報を打電した。こうして、二月二十四日、太政官布告によって高札は撤去された（五野井隆史『日本キリスト教史』二六四－二六六頁）。高札撤去にともなって、外務卿副島種臣は、アメリカ・イタリア両国公使にこのことを通達した。政府は三月十四日、十七県に預けていたキリシタン一、九三八名を浦上に復籍させる指示を達した。

キリスト教禁教の高札撤去後は、神道、仏教ともにキリスト教の浸透にたいする危機感を強めた。キリスト教は、前記のように、天皇制の国体イデオロギーとの関係という困難と直面しなければならなかったが、日本社会の内部にある伝統的な共同体意識や民衆意識における反キリスト教的性格にも直面することになった。幕藩体制時代の禁教政策の展開が寺檀制度と結合して強烈に実施されてきた結果、民衆の間に反キリスト教的な意識が堆積しており、それは近代社会形成期という歴史の転換の激動のなかで特徴ある現れ方をした。

廃藩置県のころから人々の間で、多くの奇怪な流言・浮説が伝播し、なかでも、政府の施策や現状への不信と反発を表明する表現として、「異人」・「耶蘇」という言葉が頻繁に使われた。流言・浮説は、例えば一八七一年、「大阪居留ノ洋人百八十歳ニ成ルモノアリ、是ハ人間ノ血ヲ飲テ長寿スルヨシナリト云々、又曰ク大阪府ニ召捕ヘ之レ有ル罪人ヲ渡サレ之ヲ殺シテ其血ヲ飲ムト云々、神戸ヨリ大阪ヘ針金ヲ引キテ手帖ヲ贈ルニ忽チ達スルヨシナリ、針金ニテ書翰ヲ送ルハ如何ナル仕掛ニテモ行マジキニ、是ハ定テ魔法ナラント云々、此回所々へ灯明台ヲ築カレルヨシ、火ノ光リ七十里モ照ラスヨシ、是ハ人間ノ油故遠ク見ユルヨシナリト云々、外国へ婦人ト牛馬トヲ渡サル、ノ説アリ」、などと伝えられ（『日本庶民生活史料集成』一巻、七三頁）、風聞は西日本一帯に広がった。これらの流言・浮説の場合、徴兵や戸籍調べなどが「生血をとる」、「油をとる」、「生き肝をとる」などと結びつけられて、民衆騒擾や農民一揆が発生する契機となった。

一八七一年の広島藩の一揆は、藩主の東京移住を引き留めようとすることからおこったが、この一揆では、年貢諸負担の増加や村役人の不正、治安の悪化などに対する抗議や不安・恐れなどがこめられていた。農民は、「上ヨリ割庄屋共へ桐ノ箱被㆑渡宿ニ所持イタシ、其内耶蘇宗ノ秘仏納メ有㆑之、全ク庄屋共ハ太政官ノ手先ナルヨシ云々ノ流言」、「女子十五歳ヨリ二十歳迄ノ者并ニ飼牛等異人へ売渡ニ相成、内密割庄屋共へ申渡出来居ル趣云々ノ流言」、「太政官ハ異人ガ政事ヲ取扱処ニシテ、異人ハ女ノ血ヲ絞リテ飲ミ、牛ノ肉ヲ食トシ、常々猿ノ如キ着物ヲ着シ居ル趣ニテ、已ニドコソコニ数人ノ毛唐来リ現ニ血ヲ飲ミツ、アリシ処ヲ見タルモノモアリ云々ノ流言」、をとなえた（『日本庶民生活史料集成』十三巻、六一七―六一八頁）。一八七三年六月、筑前全域でおこり、六万三千九百余人が処罰された筑前竹槍一揆では、県庁、県官・戸長宅、県の公用書類、掲示場、学校、電信機・電柱、商人宅、西洋風建物、被差別部落の住宅などが焼かれ、打ちこわされた。一八七一〜一八七五年頃にかけて、西日本地域を中心に多発したこれらの民衆運動を新政反対一揆とよんでいる。

これらの一揆の主要な特徴は、例えば学制反対、徴兵令反対などの如く、特定の個別的な要求を求めておこったものではなく、年貢減免・雑税廃止など、収奪を拒否する要求を中心として、学制、徴兵令、改暦、断髪、地券発行など、明治政権が実施しているあらゆる政策に反対したことであった。このことは政権そのものを否認することを意味し、その結果、激しい方法をもって、政府から県・町村に至る権力に正面から対抗した。

主要な特徴のもうひとつは、前記の如く、流言・浮説が一揆の発生・展開に重要な契機・方法となったことである。維新政権とその政策が「異人」・「耶蘇」と結びつけてとらえられている。これは、明治維新が外国勢力によって開国されたことに始まり、新政権が外国と提携しつつ、外国の開明的な諸政策にならって国家形成を進めていると意識されていることを背景としており、しかもその政府の全施策は、民衆の伝統的な生活・意識や世界観と合致し得ないものであり、それにもかかわらず、抵抗しがたい強制力と激しさで民衆に襲いかかってきている、と民衆が意識していることを示している。民衆の伝統的な世界と生活は、近代社会への激しい転換に直面させられていた。流言・浮説は、そういう状況に直面させられた民衆のいわば不安や不信、恐れや拒否、さらには抵抗の意識の表れであるといえよう。徳川幕府の厳しい禁教政策が、民衆のなかに「邪教」意識を堆積させたことは事実であるが、この時期の「異人」・「耶蘇」という言葉は、その実態から乖離して、民衆の「世界」を脅かす「他者」・「敵」としての象徴そのものを意味した（安丸良夫『日本の近代化と民衆思想』二八〇―二八三頁）。これらは、明治政府が「文明、開化、合理、進歩」の立場に立ち、その視点から、民衆の「迷蒙、非合理、陋習」などを批判・排除し、民衆をその意識・生活のレベルから再編成して天皇制国家を形成しつつあった時点での、歴史的な事象であった。

三河、越前など、真宗勢力の強い地域では、護法一揆とよばれる騒動がおこった。一八七一年三月の三河大浜騒動では、神仏分離下の諸政策を「耶蘇」の行為であると攻撃し、役人を「耶蘇」だとして殺害した。一八七三年三月におこった越前護法一揆も同様の性格をもっている。この一揆は、教部省官員の石丸八郎が、郷里の大野郡で、仏寺を大整理し、いわば「三条教」とでもいうべき体制をつくろうとしたことに反発して、真宗僧侶・門徒がおこしたものである。

神祇官―宣教使のもとでの直接的な神道国教化政策の失敗後、一八七二年に教部省が設立され、そのもとで神官・僧侶が一体になって国民教化とキリスト教防遏を進めることが意図された。その綱領として、三月、「敬神愛国」・「天理人道」・「皇上奉戴・朝旨遵守」を内容とする「三条の教則」が達せられた。一揆は、この「三条の教則」さえ「耶蘇」の教えであるとし、復古神道的な改革を「耶蘇」の教えであると攻撃したのである。「頑民共名トスル処ノモノハ耶蘇宗拒絶ノ事、真宗説法再興ノ事、学校ニ洋文ヲ廃スル事、斯三条ニシテ、彼ノ頑民共唱フル処ノモノ、朝廷耶蘇教ヲ好ム、断髪洋服耶蘇ノ俗ナリ、三条ノ教則ハ耶蘇ノ教ナリ、学校ノ洋文ハ耶蘇ノ文ナリト。其他地券ヲ厭棄、諸簿冊灰燼トシ、新暦ヲ奉ゼズ、唯旧暦ヲ固守シ、囂々浮説妄誕ヲ唱エ、兎角旧見故態ヲ脱セズ」（『日本庶民生活史料集成』十三巻、七二二頁）、と。民衆のなかに堆積されていた反キリスト教意識は、新政反対一揆の全体構造のなかでみれば、上記のように、自己の伝統的世界に対立し、それを破壊するものを「敵」として象徴し、これに正面から対決する行動をうみだした。

この地域では、本願寺の影響力が強く、排耶活動が活発化し、明治十年代にはキリスト教排斥の村掟制定活動が組織的に展開される。明治十年代後半からのキリスト教のリバイバル運動、松方デフレによる農民の没落の増大と村落更正運動の展開の時期になると、両本願寺の組織的指導によって、村落内へのキリスト教の浸透を阻止するために、信徒との交流を禁止し、日常的に排斥する村規約を制定するなど、厳しい対応を行った（大濱徹也『明治キリスト教会史の研究』五九－八九頁）。例えば、愛知県泉村では村民三二三名が、一八八二年一月、キリスト教への入信、説教の聴講、宣教師・信徒との交際、自宅への信徒の止宿・演説会開催を禁止し、違反した場合、「縦ひ親類縁者と雖も更に村民一般の交際を為さず、神事・仏事総て祝ひ事等は無論、盗難・火難等非常の際と雖も該家には立入申間敷候」と定めた（安丸・宮地、前掲書、三五八頁）。

四　キリスト教徒の活動と「黙許」の拡大

耶蘇教禁制の高札の撤去は、周知のように、高札内容が一般に熟知されていることを理由としており、キリスト教を解禁する通達はない。この措置に関して、外務省は五月、キリスト教の黙許ではないことの確認、今後新たにキリスト教信者が出現した場合の措置などについて伺いでた。政府は六月、黙許ではないこと、後者については「信従シタル者ノ情況ニ就テ其時ニ詮議」することを指令した。指令にあたって正院法制課は起案で、「宗法ノ事未来ノ景況実ニ推論スヘカラサル者有レ之、其異教ニ迷ヒ国憲ヲ妨ル者ノ如キハ法律ヲ以テ現ニ懲戒ヲ加ヘ候得共、其思想ハ予シメ牽制束縛難レ致、然レトモ即今敢テ他ノ宗教ヲ黙許セラレ候御主意ニハ無レ之」と、基本的な方針を示した（坂本是丸『国家神道形成過程の研究』二四七－二四八頁）。ここには、先述の「内面」・「外面」の区別のもとに、すでに「信教ノ自由」が政策的な課題として展望されていることが示されている。建前上は政府は黙許ではないとしたが、この意味においては、新しい信者が出現したときの「詮議」は、事実上の追認、ないし放任という形の黙許となることになるであろう。

この時期以降、政府は、従来同様の禁教は勿論、直接的な抑圧に類する指令を政策として打ち出すことはなかった。後述するように、政府は、教部省の指導のもとに神官と僧侶を教導職として動員して国民教化とキリスト教防遏にあたらせた。また太政官正院監部課には諜者を置き、彼らを使って宣教師・教会内部を探索させた。後に触れる日本基督公会の設立時には三人の諜者が潜入しており、その一人は執事に選出された。なお、諜者については、高札撤去後の一八七三年十月、キリスト教の教勢は「遂ニ今日ノ時勢、殆ド圧制シ及バザル姿ニ立至候」、「内顧スレバ時勢ノ力ニ及バザルアリ、外ニハ教師慰撫優渥ノ恵ヲ沾ルアリテ、進退究迫、情実看過シ難キ場合ニ立至」ったとして、全員の免職を願い出る事態となった（安丸・宮地、前掲書、三二一－三二二頁）。

高札撤去後、キリスト教に関して行政の現場では、外国人にたいするキリスト教解禁と、日本人にたいする禁制方針の維持という二重基準が続く。しかし、高札撤去後のキリスト教の教勢拡大は急激であり、その事実が行政の現場での黙許状況を拡大していった。

高札撤去前の一八七二年二月、横浜に日本最初のプロテスタント教会の日本基督公会が発足しており、宣教師J・H・バラのもとで一八七三年二月までに一六名が洗礼を受けた。高札の撤去後、キリスト教の活動は活発化し、信徒が急激に増加し、教会の設立が相次いだ。特徴として、入信者は士族層、特に幕臣・佐幕藩出身者に多いこと、自立・立身を意図した洋学・英学などの修学の過程で宣教師の人格に強い影響を受けたこと、儒教の敬天思想や倫理観などが受容の精神的基盤となったこと、なかでもキリスト教が崇高な倫理を説く「倫理の宗教」であり、文明の精神的基盤としての「文明の宗教」と受けとめられ、近代国家建設の自負心と合致するものとされたこと、などが指摘されている。初期プロテスタント教会は、横浜・兵庫・函館・長崎など開港場・外国人居留地にまず建てられ、しだいに大都市、さらに中小都市に広がっていった（五野井隆史、前掲書、二六八―二六九頁）。これらの詳細については各書に譲り、以下、高札撤去後のキリスト教が直面した行政・社会上の課題とそれに対するかかわり方の特徴を示す問題についてみてみよう。

高札撤去後、行政は外国人に対するキリスト教解禁、日本人に対する禁教の継続という二重基準を維持しようとしたが、日本人信徒は、高札撤去をキリスト教信仰の解禁と受けとめるという建前を掲げつつ、二重基準を撤廃させようとし、信教の自由を拡充するための活動を強めた。外国人宣教師が公然と活動し、日本人信徒の活動を支持したが、外国人の活動は公認されていたために、具体的で攻勢的であった。その結果、キリスト教の活動に対する黙許の要素は一段と強まる。以下、三事件についてみてみよう（以下、史料はいずれも安丸・宮地、前掲書による）。

（一）　日本基督公会伝道問題

日本基督公会の小川義綏と奥野昌綱は、同年十月、武蔵国府中宿に伝道旅行を行った。これは、高札撤去後のプロテスタントの伝道活動としては最も早いものであった。彼らがこの地域の旧家比留間七十郎宅で行った説教は、「聞ニ懇切丁寧ニシテ、人ヲシテ涙ヲ呑シム。此景況ヲ見テ察ルニ日ナラズシテ郷民彼ノ教ニ傾カンコト必セリ」と教導職に危機感を抱かせた。この報告を受けた教部省の田中頼庸は、これを放置している県庁を叱責し、区戸長は不注意を糺され、七十郎は区長の聴取を受けた。七十郎はこれに対して、近隣の者四、五名と説教を聴聞したが、「何れも退屈、各個睡眠を催すのみならず、了解之模様も無レ之、涙を催す程、思ひも寄らざる儀」と始末書に記した。小川義綏はこの譴責のことを聞き、後日、七十郎宛に次のように書き送った。「抑モ耶蘇教解禁之布告雖レ無レ之、断然西洋諸国ェ解禁ノ布告有レ之候。サレバ、外ニ解キ内ニ禁ジ、表裏反覆ノ二令アルハ、素ヨリ天下ヲ統御スル政令ニ非ザルハ勿論ナリ」と述べて、東京駿河台でのニコライや自己の属する築地での公然説教や浦上キリシタンの帰籍などを例示し、今回のことは「全ク教部ノ私意ヨリ出デ、大政府ノ公命ニ非ズ」、「我等思フニ、教部ハ近々自滅イタスベク、不レ遠ウチ、自然破滅ノ方法ニ可二相成一候」と批判した。小川のなかにあったものは、「今、開明ノ域ニ進ムハ、下タル者ト雖モ、是ヲ以テ是トシ、非ヲ以テ非トスル真理ノ大道、人智択抜スルノ美挙ト申モノ。因テ、人々文学専要、権威富福ニ慢スルコト能ハズ。真理ヲ知ルヲ以テ大貴トスルモノト被レ存候」（三二三―三二六頁）という見識と先覚者としての決意であった。この後も、彼のめざましい活動が展開される。この伝道活動を、彼らは翌年も実施した。

（二）　伊藤定右衛門母自葬問題

信教の自由が実現していない状況では、自己の信仰に基づいた葬儀が実施できなかった。キリスト教徒の信仰に基づいた葬儀は、自葬祭、つまり法律の規定に違反する葬儀として、禁止された。

一八七二年六月の太政官布告第一九二号は、自葬を禁止し、葬儀は教導職である神官か僧侶に依頼すべきことを達し、同日、神官に対して神葬祭を実施することを許した。これは、教部省のもとで教導職として神官・僧侶が共同して、人々の死後の救済を担当することを通して国民教化をはかり、キリスト教防遏を進めようとするものであった。この規定は、墓所自体が多く寺院内にあるという事情とも結びついて、キリスト教徒の自己の信仰に基づいた葬儀の実施を困難にし、また寺院の干渉をもたらすことになった。

一八七三年八月、神田小川町の伊藤定右衛門は、キリスト教徒であった母庭竹（貞竹）の遺言にもとづいて、キリスト教式の葬儀を行った。菩提寺はかかわりを嫌って葬儀を断ったため、定右衛門は町会所から地所を買い受け、アメリカ人教師タムソンとホールの司式で実施し、教会の朋友であった小川義綏、奥野昌綱らが出席した。

十二月、小川と奥野は東京府裁判所から召喚をうけ、自葬をしたことは国法違反であると糾弾された。官員の主張は、「耶蘇宗門之真偽を相糺すにはこれ全くなく、国禁有レ之耶蘇宗門式葬式の事に付致二吟味一候」という点にあったが、その根底には「外国人之中には耶蘇宗門を許し候へども、日本人には不レ然、其禁尚廃せられざる」、「尤も右宗門之善所を取り之を学び候は無罪」という見解があった。

奥野は、これに対して「日本に於て耶蘇教御許しに相成候儀承及候」という見解に立って対抗したが、国法違反とする指弾については、信仰を公認された外国人のタムソンが司式し、自分は参列しただけであるという論理で通した。葬儀については、奥野自身、数ヵ月前に娘が死去したとき、まず外国人宅でキリスト教の葬儀を行い、その後仏式葬儀を行って葬った経験があった。この時期のキリスト教徒の葬儀は、伊藤定右衛門のようにその主義を貫く場合や、奥野のような二重葬儀、その他現状妥協的な方法を含めて幾とおりもの方策がとられたが、信徒の困惑と苦悩は大きかった。十二月、バラから洗礼を受け、基督公会創立に加わった櫛部漸、押川方義ら四人は、東京府知事大久保一翁宛に、信仰しない宗教による引導・読経等は迷惑であること、信徒が日々倍増して要請が急であることを記して、自葬の許可に助力してくれるよう請願した。

信徒のこのような活動に加えて、外国人宣教師への働きかけも積極的であり、これに応える外国人教師の活動も活発であった。信徒の高橋亨は、東京・横浜在住のアメリカ人牧師タムソン、ホール、フルベッキ、ブラウン、バラ、グリエンに対して助力を依頼した。高橋は、「我々公会ノ兄弟ハ、我ガ国既ニ信仰ハ自由ニマカセリト、深ク信ゼリ」という見解に立って、儀式は信仰者に任せるべきであること、信仰の自由を確立するための助力を依頼したいことを述べた。タムソンは、小川、奥野らが召還された後、東京府裁判所に出向き、今回のことは自分の責に帰する問題であることを主張し、顚末書を提出した。彼は、キリスト教は政府に敵対するものではないこと、「皇帝のものは皇帝に、神のものは神に返しなさい」という言葉があることを引いて、「皇国の法律を以て特に此教を御許しに不ㇾ相成ㇾとも宜し」(三三四―三三九頁)、今後とも日本人にキリスト教を教え続けると言明した。小川と奥野は結局、処分を受けることはなかったようである。

翌一八七五年一月、プロテスタント諸教派の連合運動体である福音主義同盟は、イギリス、アメリカ両国公使に対して、事件の経過を詳細に記して、日本政府に対する働きかけを要請した。文書は、裁判所官員が自己の見解を道理にそったものであると言明したことを特に記して、自葬に関する拘束を撤廃すること、宗教の自由を拡張することについて、日本政府に対する斡旋を願うと記している。

アメリカ監督教会（聖公会）も一八七四年、キリスト教信仰の自由の実施を政府に求めた。文書は、国内にキリスト教解禁を公告していないこと、教部省の教導職制がキリスト教防止を意図したものであること、諸学校教師への外国人伝道師の任用が禁止されたこと、学校生徒が聖書・説教等に関わることを禁止されたことなど、六ヵ条の問題点を記して日本政府の措置を批判した。その上で、日本政府が、キリスト教禁止を廃止して、キリスト教信仰を公認すること、礼拝堂建設・伝道の自由を実現すること、礼拝堂には墓地を付属させ、日本人資格者の葬儀の執行を認めることなど、八ヵ条を明記して、完全な信教の自由を実施するよう求めた。

こうして、自葬の問題が一焦点となって、国内でキリスト教信仰の自由が実現していないことが信徒の活動を活発化させ、外国人各教派・宣教師も積極的な支援を行った。

なお、自葬は、教導職が一八八四年八月に廃止されたことにともなって、十月、解禁された。これによって、キリスト教も解禁されたことになる。

（三）　高橋市右衛門転宗問題

高札の撤去後、キリスト教界の活動が活発化し、信仰者が増加するにつれて、キリスト教への改宗・転宗届が頻発するようになる。このことに関しての特徴は、太政官正院が、キリスト教の信仰に関する指令を一切しなくなったことである。

一八七四年十月、長崎県は教部省宛に、二五区紐指村小川豊蔵ら六名が「私共神儒仏三道ヲキラヒ、切支丹宗江宗カヘ仕度」と願い出たことを上申した。教部省は、十一月、同県は従来信徒少なからず、「此際確ト指令不レ致テハ後害難レ測候条、断然難二聞届一候ヘ共、是迄類例無レ之義ニ付為レ念」として指令を要請した。これに対して、正院は何も指令しなかった。翌年になると、改宗届は増加し、千葉県四名、愛知県からは「専ラ聖道ヲ以テシ、一以テ聖命ニ応ヘ、一以テ闔国ノ鴻恩ニ報ヒ参ントス」として改宗届が、静岡県からは曹洞宗徒からのカトリックへの改宗届が出た。正院は、これらの件に関する教部省からの伺に対しても、やはり指令しなかった。

正院がキリスト教の信仰の問題に対して、明確な指令をしなかった事情は、一八七五年六月の高橋市右衛門一家の改宗問題に象徴的に示されている。東京府下足立郡の第十大区第五小区鹿浜村農民で小前総代の高橋市右衛門は、曹洞宗から「耶蘇宗」に改宗し、神棚、神宮大麻、位牌、仏像を風呂かまで焼き捨て、今後はキリスト教式による自葬をしたいと申し出た。彼が戸長や神官などの説諭を聞き入れなかったため、困却した東京府から教部省へ伺がなされた。教部省からの伺に対して、正院内務課は、二案の指令案を起草した。このことは、政府が直面していた課題が、一決が困難であったことを示している。甲案は、信仰は個人の内面の問題とするが、その外的な行動が国法に触れる点を措置するというものであり、前述のように、キリシタン弾圧時から大日本帝国憲法第二八条の規定にかかわる見解であった。乙案は、天皇・祖先への不敬行為を問題とし、処罰すべきであるとするものであるが、信徒の宗教心の強さと外国の介入から予測される混乱を避けることを考慮した指令案であった。

甲案は、「凡ソ事物上ニ就テ信否自由ニ任スル者ハ人民意想ノ真権ニシテ其志不レ可レ奪者ニ候ヘハ、意想ノ権限ハ政憲律法ノ制馭スヘキ所ニ無レ之候得共、暴行非法国法政憲ヲ犯シ、成規法律ニ触ル、者ハ不レ可レ許ナリ」、新たな信者が現れたらその時詮議するという先の高札撤去後の指令があるので、何分の評議があるであろうが、「市右衛門如キハ耶蘇信徒ノ是非ハ閣キ、天祖大神宮ノ霊代タル大麻ト共ニ我先祖ノ位牌仏像等自分共ノ浴シ候水風呂竈ニテ焼却候趣不都合之次第」である、従って「心得違無レ之様於二地方官一篤ト説諭為レ致様可レ致二指令一事」、というものであった。「信教の自由」を認め、外的行為としての伝統的神仏信仰の拒否行為が国法に触れるとして問題とし、説諭せよというものである。説諭が現場で効果を果たさなかった故に、伺がなされたのであるが。

これに対して乙案は、「天祖大神宮ノ霊代タル大麻ト共ニ我祖先ノ霊代タル位牌仏像等ヲ態ト自分共ノ浴スヘキ水風呂竈ニ焼却致候趣、右ハ上今上ヲ奉二蔑如一、下ハ先祖ノ霊魂ヲ軽侮致候姿ニ相聞不都合ノ次第ニ付、速ニ法ニ照サレ候ハステハ勧善懲悪ノ明教モ相立申間敷」、しかし信徒は洗礼式において「自今神仏ヲ敵視シ、其神体・仏像・守礼ノ類、見ルニ従ヒ之レヲ詛ヒ唾スルヲ以テ誓約ヲ立」てたものであるので、その信心を譴責するときは「如何様ノ事端ヲ開起センモ不レ可レ測」、そもそも「方今ノ景況ヲ推按仕ルニ、外教ノ不レ可レ制固ヨリ不レ俟レ論、現今彼ノ洗礼式ヲ奉ジ信従スルモノ海内無数ニ可レ有レ之、之ヲ追々公然スルニ至テ豈夫挙テ可レ罰乎。然レバ則市右衛門一家ノ御処分有レ之候共、果シテ其詮有レ之間敷歟」、いわんや「浦上異宗ノ人民ヲ暫時他境ニ教誨セシスラ御交際上許多ノ障碍ヲ招致セシニ、今ヤ是ヲ刑センニ其罪跡ハ不忠不幸ノ明名ヲ以テ鳴スト雖モ外人等必ス他ニ説ヲ構ヘ議ヲ興シ如何ノ紛議弊害ヲ醸成センモ不レ可レ知」、「就テハ将来其事柄ノ得失御確定候迄、左ノ通御指令相成可レ然哉」として、「追テ何分ノ沙汰ニ可レ及候事」（三四一―三四三頁）と起案した。乙案は、キリスト教の信徒の増大と信仰心の強固さ、外国の関与などへの考慮から、抑圧策も統制策も困難であり、効果はないとして、事実上の放任主義をとることを意味する。両者は、伝統的な神仏信仰を擁護させようとすることは共通しており、またキリスト教信仰を事情上容認する方向を示しているが、その見地は対照的である。正院は結局、甲案を採用した。ここには、政府中枢、行政現場ともに、キリスト教と伝統的信仰とが鋭く対立している事態にいかに対処するかに苦慮していることが示されている。

　キリスト教信徒の自覚的な信仰生活と宗教の自由を拡大しようとする活動は、教勢を急激に拡大し、政府がキリスト教の放任さえ考慮しなければならない状況をつくりだした。正院が、キリスト教への転宗届を不許可としたいとする地方官からの指令の伺に対して、また自葬の禁止を確認する司法省の伺に対して、あるいはキリスト教関係出版の可否の指令伺に対して、いっさいの公式の指令をしなかった背景には、このような事情があったと考えられる。対症療法的な対応ではなく、教部省下の宗教政策を基本的に転換することが必要であったのであり、この時期、政府は、次に見るように、「政教分離」・「信教自由」を国家の原則とする方向へ楫を切っていったのである。

五　「信仰自由」政策への転換

先にも触れたように、廃藩置県が実現すると、宗教政策は転換した。政府は一八七一年八月、神祇官を廃止して神祇省とし、翌年三月、これを廃止して教部省を設置した。四月、教導職が設置され、すべての神官と僧侶は教導職となり、共同して国民教化にあたることになった。その教本は「三条の教則」であり、組織として大教院を設置した。「三条の教則」は、「敬神愛国」、「天理人道」、「皇上奉戴」を内容とし、宗教的な神学的教説を避け、国民教化の基準的な内容を主としたものであった。教部省のもとでの教導職を中心とする活動は、天皇制への国民教化と、キリスト教防遏を意図した大規模な活動であった。仏教勢力にとっては、教義や説教、排耶運動では、神道よりもはるかに大きな経験と力をもっており、神道国教化的動きのなかで後退していた状況を回復する好機であった。

一八七二年八月、教導職の組織として大教院が設置されたが、同院は造化三神・天照大神を祭り、礼拝を義務づけるという神道的色彩の濃いものであった。このことは仏教徒の反発を招いた。ヨーロッパ留学から帰国した島地黙雷は一八七三年、西本願寺など仏教勢力の大教院からの離脱と独自の布教の実施の必要を主張した。留学によってヨーロッパ文明の基礎に宗教があり、政治と宗教は分離すべきであることを学んだ島地は、すでに一八七二年十二月に留学先から、「三条の教則」の「敬神愛国」が「敬神」という宗教と「愛国」という政治を混同していることを批判し、神道を未開の宗教であるとして、一神教である仏教の優位性を建白していた。帰国後のこの大教院離脱建白書において島地は、大教院の神道教義的性格を批判するとともに、「敬神」は、皇祖・功臣・家の祖先などへの崇敬・祭祀を意味するのであって、宗教ではない、という論理を提起し、この論は一八七五年の「三条弁疑」においてより積極的に打ち出された。これは後の、神道は「国家の宗祀」であって、宗教ではない、という国家神道に至る論理につながるものであった。島地の主張には、近代国家は宗教に干渉しないという「政教分離」の論理があった。従って、宗教的な「敬神」を布教することを目的とする教導職は廃止されるべきであるという主張となった。島地らのこの主張は、木戸孝允などの長州派の見解と共通していた。一八七五年四月、東西本願寺など真宗四派は大教院を離脱し、この結果、全国の教導職活動の拠点であった大教院は、五月に解散した。神道と仏教各派は、それぞれがその教義にもとづいて独自の布教を実施することになった。こうして、わが国の「政教分離」、「信教の自由」は、教部省政策に対する仏教勢力の批判的行動のなかから生まれた。

信教自由論は、欧米文化の先進性を説く啓蒙思想家たちによっても主張された。森有礼は再度にわたって政府に建白し、西周は「教門論」などで説いたが、キリスト教がヨーロッパ文明の基礎にあり、国家富強の基盤であるという認識によっていた。すでに一八七二年に中村正直は、「擬泰西人上書」で、「文明の宗教」・「国家富強の宗教」であるキリスト教を認め、天皇自らが洗礼を受け、「教会の主」となることを主張していた。政府においても、廃藩置県後においては、「文明開化」政策は、基本政策になっていた。

大教院の解散、「政教分離」、「信教の自由」論の動向をふまえて、一八七五年十一月、教部省は、「信教自由」についての達書を改めて発した。それは、教導職はそれぞれの教義に基づいて国民教化を行うのであり、各教派の管長が教義を管轄し、布教の責任を担当するというものであった。「教法家ハ信教ノ自由ヲ得テ行政上ノ保護ヲ受クル上ハ、能ク　朝旨ノ所在ヲ認メ啻ニ政治ノ妨害トナラザルニ注意スルノミナラズ、努テ此人民ヲ善導シ治化ヲ翼賛スルニ至ルベキ、是レ教法家ノ政府ニ報ズル所以ノ義務ト謂フベシ」、と「信教ノ自由」という国家の「保護」を与えられた宗教家は、「治化翼賛」という国家に対する「義務」を果たすことを要求された（安丸・宮地、前掲書、四六八頁）。島地らの近代日本の宗教家が求めた「信教の自由」は、こうして、国家的価値を体現する役割を主体的に担う「自由」として具体化した。これは、一八八四年八月の、教導職を廃止し、管長制を採用する太政官布告第一九号の原型であった。

一八七五年三月、神道各派は、神道の中心組織としては神道事務局を結成していたが、大教院の解散と独自の布教活動の開始によって、神道各派もそれぞれ宗教活動を強化した。その結果、神道内部での伊勢神宮派と出雲大社派との対立が強まった。神道事務局の神殿の新築にともなって、千家尊福ら出雲大社派は、その祭神に幽冥界の主神である大国主命を加えることを主張し、田中頼庸ら伊勢神宮派はその必要はなく、造化三神・天照大神のままでよいとした。この神道内部の対立・抗争は、神道大会議を開催する、祭神については天皇の親裁を要請する、という異例の事態となり、結局、一八八一年二月に天皇が、宮中に祭祀している天照大神・天神地祇・歴代皇霊を祭神とするという裁定を行うことによって決着した。人間死後の審判神である大国主命を祭神とすることが否定され、宮中祭祀の祭神を祭ることになったことは、神道の宗教としての性格が否定されたことを意味した。ここに、神道は宗教ではなく、「国家の宗祀」であるという方向が決定した。神道が宗教色を強めて内部で対立を深め、その神学上の抗争に天皇が関与することになったことは重大な問題であり、この意味からも神道から宗教色を払拭することを急がなければならないことになったのである。

一八八二年一月、内務省は、神官を教導職から分離し、神官は葬儀に関わらないことを達した。神道・神官は人々の死後の救済から手を引き、国家祭祀に専念することとなった。神道は宗教ではなく、皇祖皇霊・祖先・功臣をまつる「国家祭祀」であるという原理が成立した。

この時期、内務省による宗教政策の改革方針が検討された。立案を依頼された井上毅は、神道は国家祭祀に専念させ、各宗教宗派に対しては、宗教上の「全然自由（アブソリウト・リバチー）」を与えるのではなく、「宗教的寛容（トレランス）」を与えることを主張した。彼は、「内国慣熟ノ教」である仏教を「牢絡」して「治安之器具」とすることを重視し、キリスト教も将来条件が備われば同様の位置を与えるとした。井上が恐れたのは、かつて歴史上に生じたような、宗教勢力の反政府的行動や宗派間対立などによって、社会が混乱することであった。

内務省の宗教政策の改革は、井上の宗教を「治安之器具」とする意図をこえて、「信教自由」をより徹底する形で実施された。一八八四年八月、太政官布告第一九号によって、教導職自体も廃止となり、管長制が施行される。宗教各派は、管長のもとに教団法によって運営し、内務卿の認可を受けることになった。教義をもった宗教としての神道は、神道系一宗派として認可して独立させ、「教派神道」と称することになる。十月、教導職の廃止によって自葬の禁止が解除されたことが確認され、事実上、キリスト教は解禁された。ここに、各教派が自主的な宗教活動を行うことを通して、天皇制国家を支える仕組みが成立した。こうして、大日本帝国憲法第二八条の規定に至る。

キリスト教は、以後、天皇制国家との緊張した対峙関係のなかで、みずからの信仰のありようを形成することを迫られる。

井口正俊

新体詩・唱歌・讃美歌

——近代日本成立期における「翻訳」文化の一断面——

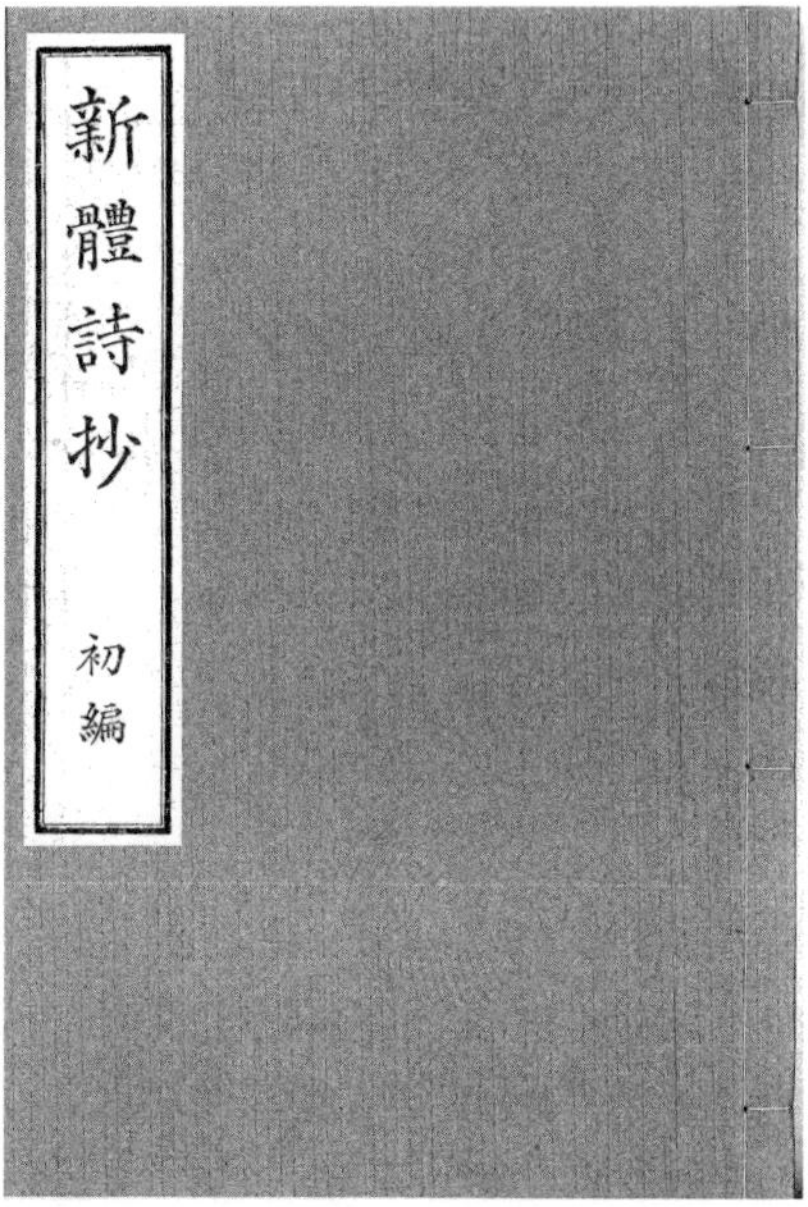

外山正一・矢田部良吉・井上哲次郎　仝撰
『新體詩抄　初編』（明治十五年七月刊行）

＊「［アメリカから帰国して］余は夜遅く我が家に着いた。丘の上に、余の父親の小家屋が立っていた。……余の帰宅の翌日、余は異教徒によって発起された一基督教カレッジの校長の地位への招請を受けた。奇妙な組織なるかな、これは、世界の歴史に独一である。余はそれを受諾すべきであろうか」（内村鑑三『余は如何にして基督信徒となりし乎』）

＊「漢語はいかに同化されたと云っても元来外国語であるから、西洋の熟語に当て嵌めるばあいに、純粋の大和言葉よりはエキゾチックな感じを出し易く、ハイカラに聞こえるせゐであったに違ひない。……即ち漢語は明治の欧化熱の機運に乗じて、計らずも洋語と握手したのである」（谷崎潤一郎『文章読本』）

＊「……左はさりながらオヒリアよ　ア、たをやかな其風情　そなたは神をいのるなら
わしが罪障わびてたべ」（「シェークスピエール氏ハムレット中の一段」（尚今居士（矢田部良吉）訳））

＊「………武士と生まれた甲斐もなく
義もなき犬と云はるゝな　卑怯者となそしられそ
敵の亡びる夫迄は　進めや進め諸共に
玉ちる劒抜き連れて　死ぬる覚悟で進むべし」（ヽ山仙士（外山正一）『抜刀隊』の最後の部分）

＊「さすれば人は氣を張りて　事業《みわざ》ばかりに心して
如何なる運も事とせず　高きに至れ馳せゆけよ
楽あるぞはたらけよ」（『玉の緒の歌』（一名人生の歌）巽軒居士（井上哲次郎）最終連）

（三篇とも『新體詩抄　初編』（明治十五年）所収）

一　明治期における「翻訳」の歴史的意味

幕末から明治期にかけての、またそれに続く時代においても政治的・社会的・文化的変容に「翻訳」という作業が大きく関与し、時代の変遷に伴った様相の変化はあったにしても、「翻訳」という事態がもつ枠組みとその意義は現代に至るまで持続し、その役割は減ずることなく機能し続けていることは、すでに歴史的事実として認知され、さまざまな場所でさまざまに論じられてきた。さらに歴史的現代を考える上でも、近代日本成立期における「翻訳」の重要さは、ますます強調される傾向にある。

しかし、個別的な分野に入り込んでいくと、いまだに不明の事柄、不可解な部分、不透明な地平が存在していることもまた確かなことである。それは、専門分野における専門家による研究作業が進めば自然に解消するというようなことではないらしい。なぜなら、歴史的に新たな資料の発見、政治的に隠されていた事実の顕現、時代の変遷による解釈の革新などがもたらす学術的進歩を十分に評価すればするほど、「翻訳」という作業が、歴史的変遷のなかで、そもそも何をどのように変化させ定着させるのかという一般的問題、また近代日本成立期において、なぜ「翻訳」という事業をこれ程までに早急に実施強行せざるを得なかったのか、何が「翻訳」することを要請し強要したのか、そこで何が期待され、その結果何が到来したのか、という課題を逆算する必要性がさらに生じてくるからである。その逆算の必然的生成は、ある意味で悪循環である。しかし、この悪循環は「翻訳」作業だけに限定されることではなく、一般に歴史研究、事実究明という知的作業に宿命的に付きまとう運動である。さらに言えば、ある歴史的事実に関して、調査し、究明し、新たに多くの資料が発見され、以前よりより詳細な部分までその解明が進み、それを整理し多くのことを語りだしても、その新たな語りだし自体が同時にある過去に存した歴史的事実を隠蔽してしまうこともあるのである。それは、事実究明という場で避けることが出来ないことなのではないか。それは、そもそも事実自体というものは、語られ表現されて初めてある事実となり伝達されるからである。その伝達をたよりに歴史研究は始まるのである。とすれば、事実の集積として認められたように見える歴史記述のなかには、同時に、資料の喪失も意識の忘却も解釈の誤謬も同時に不可避な経過、あるいは気が付くのが難しい侵入犯として内在していることを看過してはならない。にもかかわらず、歴史家は新たな資料の発見、忘れ去られた事実の発掘、解釈の誤謬の修正を目指すことによって、「正統」に真なる事実に迫ろうとする。それはよい、それが歴史家の任務だろうから。しかし、歴史的事実を解釈する際に不可避的に発生する誤認や誤解が真なる歴史を、積極的に裏側から支えていることを無視し否定してはならないだろう。いわゆる歴史解釈において「誤認」、あるいは「誤解」として看過され、時には否定されるものは、数学における矛盾の原理による絶対的な「偽」ではなく、多くの場合その判断は、政治的・宗教的・民族的イデオロギーの発露であり、その行使がその判断の原因であることが多々あることなのだが、それ以上にそれは、それらに裏打ちされた知識人や趣味人の我田引水的好奇心による、他者嫌悪であり嫉妬であり、排除であり、言ってみれば民族的な「夷狄」視、あるいは、宗教的な「異端」扱いに近い関係にある場合がさらに多いのである。しかし、夷狄も異端も歴史において否定的意味だけをもつものではないことに留意すべきである。飛躍するように響くかもしれないが、「翻訳」という作業は、自他のあいだに架橋する役割が与えられており、自己と他者、正統と異端、進歩と後退、啓蒙と野蛮といった単純な対立を無効にし、それらの間の矛盾やすれ違いを経験しながらも、両方向へ歩行可能な力学を提供してくれる作業なのである。しかしまた、「翻訳」は両方からの「架橋」であると同時に、どちらにも属さず、またどちらにも属している「決定不可能な境界」(ジャック・デリダ)をあからさまにしてしまうこともまた確かなことである。ここでは、翻訳という作業に内在的な、二重の亀裂とその役割を自覚しておきたい。

「翻訳」という事業に象徴されるように、明治期という時代はその架橋がもたらす二重性を伴った関係づけの重みを直に経験した受難の時代だったが、それに耐え抜いた時代でもあったのである。しかしまた他方「耐え抜く」ことに痺れを切らし、日本の歴史においてかつてなかった程の無比なる速度で未来への展望なしに盲目的「躍進」へと向かって走ってしまった時代というのがより現実に近かったのかも知れない。いずれにしても明治初期は、かの福沢諭吉(豊前中津奥平藩)や内村鑑三(上野高崎藩)、この論考に深く関わる伊沢修二(信濃国伊那谷の小藩高遠)のような下級武士階級から出立した知識人が「忍耐」と「前進」の板挟みに喘がざるを得なかったことは確かだが、その板挟みは、日清・日露戦争時代への道程の途上、またその後始末のなかでさらに先鋭化され、全く異なった形ではあるが、その板挟み的構造図式は鷗外や漱石に引き継がれた。現代、単なる楽観的「躍進」でも悲観的「後退」でもなく、まさにその構造図式から来る受難を「耐え抜く」ということにおいてだけ、その板挟みを積極的に引き受ける後継者となるべきだろう。その板挟み的構造図式は現代においてもなお、われわれの文化的生業を脅かす存在であるのに、それに立ち向かうことを諦め、解決せずに放置してしまっていることに自覚的になるべきであり、明治期なる時代を歴史的に踏襲し、反省的に志向する意味もそこにあると言えるからである。

ここで取り上げる「翻訳」という作業は、基本的に二つの異なった言語的「体」の間に通路をつけるいわゆる「結」とでも呼ばれるべき中間・媒介・交差に関わっている「境界領域」でのみ可能な事柄であり、それを試行しようとする翻訳者の知識も好奇心も分裂していて事実判断も価値決定が難しい領域なのである。ここではその「結」のもつ媒介的両義性を積極的なものとして考えたいのである。

日本の翻訳史には二つの大きな波があった。現代「英語問題」という第三の波が押し寄せていると言えるかも知れないが、歴史的に言えば、第一の波は、いうまでもなく中国からの漢語の到来である。文字なるものを持たなかった日本語の世界に、文字を伴った漢語が導入されたのである。その衝撃は測りがたいものがあったと推察されるし、実際その後の日本語はそれを契機に新たな段階に入り、いわゆる現今でいう「日本語」なるものの原型がそこで出来上がったのである。しかし、ここで重要なのは、漢語の輸入によって、そもそも何が変化したのかを問うことである。その場合大切なのは、漢語が導入される前に、漢語に関係なく原日本語（問題はあるが「やまとことば」とここでは呼んでおこう）が存在した、あるいは存在していた、と考えるのか、あるいはそう考えたとしても、漢語（文字）の搬入が、かつて存在していたと考えた「やまとことば」なるものを成立させた純粋な契機だったということは、論理的にも歴史的にも認めざるを得ないのではないか。つまり、「やまとことば」なるものの存在は、事後的な逆算としてしか成立し得なかった、ということである。「漢語」に対して「やまとことば」を対置させる思考方法は、逆算が純算と考えられるほどの時間が経過し、その言語理念が風化したことの現われだったと言えよう。しかしまた他方、谷崎が鋭敏に感じているように、漢語は時間がいくら経過してもいつまでも外来語であり、それ故に、西洋語を翻訳する際に漢語の感触を利用したのもまた必然的な意味を持っていたといっていいのかも知れない。

反復することになるが、翻訳なる事態を考える場合、二つのエレメントを考えなければならない。その一つは、たとえば日本語の場合、ものの名前や動作、形態や様相、すなわち名詞・動詞・形容詞（体＝玉）である。もう一つはそれらの「体」を結合させる位置関係や補助手段、いわゆる、間投詞・助詞・助動詞（結＝緒）である。その組合せによっていわゆる日本語による「文」が成立する。翻訳の場合その二つのエレメントを同時に移行させせなければならない。当時の日本の知識人は、二つ言語を並行して使用するいわゆるバイリンガルにならずに、その移行を可能にする手段を、これ以外にはあり得ないという高度なかたちで可能にしたのである。一つは返り点を使って漢語を日本語化して読むという方法であり、もう一つは古来の日本語を文字化して「書く」という行為を可能にさせたいわゆる万葉仮名の発明である。万葉仮名が簡略化されて「ひらがな」および「カタカナ」へと変貌したのであり、大切なのは万葉仮名的言語理念である。この二つの方法的発明は日本語の特殊な文法形態を極度に活用した結果だったと反省的に考えてよい。ここでは返り点と万葉仮名について詳しく論ずる場所ではないが、この二つ発明の根底に存する理念と方法は、実はコインの裏と表のように必然的に結合していたのである。というより同一の理念の二つ様態である、また目的論的に言えば、それは、漢語の輸入に強要された「読み書き」を統一的に行うという受動的願望の結果だったとも言える。またその方法と理念こそが、他言語、特に西洋語を日本語へ翻訳するという作業をも基礎づけ、それを可能にし、現在までそれは連続し、継続されて方法的に使用されていることを、ここでは確認しておけば足りる。幕末から明治にかけて開始された欧米語からの翻訳もその歴史的亡霊を引きずりながら、新たな局面において、その受動的願望を反復していたのである。

二　「新体詩」という現象

日本近代文学を語る、さらには一般に明治期の歴史的意義を語ろうとするとき、明治十五年七月に刊行された『新體詩抄　初編』という書物のもつ意味は重い。その重さは量りにくい重さゆえに、文学史という限られた分野で、明治初期の文学的出来事の一つとして学校の文学史の教科書の片隅で語られ、現今ほとんど忘れ去られた。そのような事態は看過されがちだが、それは語られる歴史より、忘れ去られる歴史のほうが逆にその時代を担った実相であり、その時代の記憶されるべき真相そのものであった、という「歴史」なるもの、あるいは歴史の「記述」につきまとうパラドックスの典型だといっていい。

『新體詩抄　初編』がなぜそれほど重要なのか。それは、近代日本語の発生形態を初期的条件として提示していること、またそれ以上に近代日本が向かわんとしていた方向が暗示的に内包されていたことであ

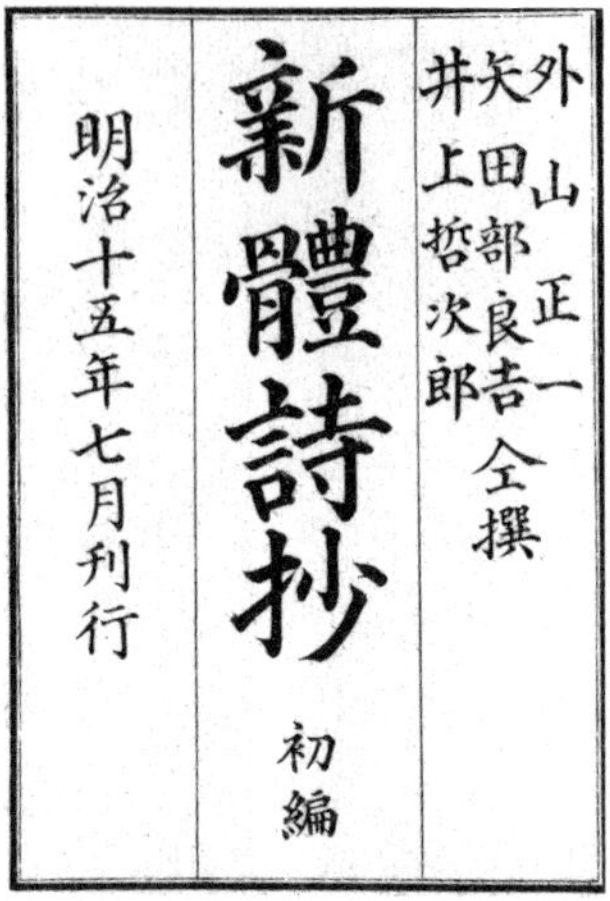
外山正一
矢田部良吉
井上哲次郎 仝撰
新體詩抄 初編
明治十五年七月刊行

『新體詩抄　初編』特選　名著複刻全集，近代文学館
（ほるぷ㈱，昭和 56 年）

る。時期的にも坪内逍遥の『小説神髄』の三年前、二葉亭四迷の『浮雲』の五年前にすでに刊行されていたのである。『新體詩抄』がいかに先駆的役割を歴史的にも担ったかはここでも確認できるのである。実際その後の日本は政治的にも社会的にも文化的にも、『新體詩抄』が蒔いた種が芽を出した、そのような方向に向かって突き進んでいったのである。その方向は、結果的には欧米からの外圧の力学的模倣としての拡大戦争、欧化主義への自暴自棄的反動としての日本精神主義、あるいはまた外国文学への憧憬を契機にした抒情的恋愛文学、「福音を述べ伝える」ことを強いられながら、それを日本的土壌の中で和解させることを必然的使命と感じた明治キリスト教徒の心情的宗教活動などを考えれば理解できよう。図式的に抽象化して言えば、その傾向は、維新後の明治官僚が西欧の列強に倣った国家主義と論理と情緒を同時に伴った泰西の新知識とが奇妙に和合して、ある解きがたい「ねじれ」を生じさせながらその後の日本の歴史を上下左右に翻弄していったのである。その「ねじれ」は現代においても意識的・無意識的に、あるいは表層的・深層的にも解消されてはいない外傷（トラウマ）となっているのである。現今から見て、その「ねじれ」の図式がはっきりと顕在化しているところに『新體詩抄』のもつ歴史的意味があったと言うべきである。

『新體詩抄　初編』は静岡縣士族外山正一、東京府平民矢田部良吉、福岡縣平民井上哲次郎の三者によって編纂され、東京日本橋の丸家善七なる人物によって明治十五年に刊行された。編者三者はいずれも東京大学の教師であった。「東京大学は明治の長男の不自由さ」（司馬遼太郎）を抱えていたが、他方その教師は帝国海軍の連合艦隊へ乗り込むことが可能な権力的存在であり、東京大学総長は陸軍の師団長より位階勲等では上位であったのである。

明治十五年といえば、その三月伊藤博文が憲法取調べのため渡欧し、同じ八月には戒厳令が制定され、外国では独・墺・伊の三国同盟が成立している。明治五年学制が発布され義務教育制度が実施されてから十年後、社会現象としては、東京市内に鉄道馬車が開通した年ということになる。中江兆民訳によるルソーの『民約譯解』が出たのもこの年である。

なぜこの時期にこのような書物が刊行されたのか。それには、編者三人が、それぞれの立場から、それぞれの文体で書いた序文を読むのが最良の方法だろう。井上は漢文で、矢田部はカタカナと漢字、外山はひらがなと漢字で序文を書いている。三種の文体による三様の序文は三人での合意の上のことであることは間違いなさそうだ。その序文はそれぞれ微妙なニュアンスの違いを表出しているが、次の二点は共通であり、この時期に刊行された意味を暗示的に提示しているように思える。その一つは、漢文や江戸的戯語では伝えられない歴史的内実が発生しており、その伝達の手段としての日本語の新しい文体を創造しようとすること、現今の言い方では情報メディア、情報コミュニケーションの可能性の追求ということになろうか。もう一つは、欧米語からの翻訳を通して、古来の日本の精神文化形態を確認し強化する必要性の主張、である。文化の相対性、文化的善悪の彼岸を認知しつつ「世ノ中ハオノガ心ノスガタナリ善キモ悪キモ外ニナクシテ」(矢田部)、漢詩の堅きを知り、西洋の詩の自由さに影響を受けつつも「新体と名こそ新に聞こゆれど、やはり古体の大佛の法螺」(外山)と自戒し、「見識高き人」からは嘲笑されるのも覚悟での、この「表現形態」の意味こそが、伝達したかった彼等の本音だったのである。

この『新體詩抄』は全部で一九篇の詩が含まれているが、そのうちの創作詩は六篇、あとの一三篇は翻訳詩である。そこに明治十五年に創刊された、時代的な新しさの意味があった。それはまた、新体詩の「新体」という文体にも大きくかかわっている。先ほど触れた三篇の序文の後に「凡例」なる四つの箇条書きにされた文章があり、その最後に「編者識」とあるから、誰がその文章を書いたかは定かではないが、三人の合意であったことは推察される。その初めのところに「均シク是レ志ヲ言フナリ、而シテ支那ニテハ之ヲ詩ト云ヒ、本邦ニテハ之ヲ歌ト云ヒ、未ダ歌ト詩トヲ總稱スルノ名アルヲ聞カズ、此書ニ載スル所ハ、詩ニアラス、歌ニアラス、而シテ之ヲ詩ト云フハ、泰西ノ〈ポエトリー〉ト云フ語即チ歌ト詩トヲ總稱スルノ名ニ當ツルノミ、古ヨリイハユル詩ニアラザルナリ、」とあり、同じ「詩」という言葉を使っているが、中国の漢詩の意味でも、日本の和歌でもなく、西洋語の「ポエトリー(poetry)」の意味で使うことを宣言している。そのことからすれば、『新體詩抄』は欧文からの翻訳という作業に促されて、日本的詩歌の歴史上の文体革命だったということができる。尚今居士(矢田部)が「平常ノ語ヲ少シク折衷シ」「心ニ感ズル所ヲ吐露スベキナリ」と言っているところにもその傾向は顕著に表れている。その可能性は「吾人日常ノ語ヲ用ヒ少シク取捨シテ試ニ西詩ヲ譯出セリ」と西洋詩の翻訳作業に起因していたのである。ここではまずそのことを指摘しておきたい。

しかしまた他方韻律の面から言えば、先に引用した箇所の次に、ここに挙げた詩は従来の和歌の韻律である七五調で書かれているが、古来の七五調ではなく「……夫レ此種々ノ新体ヲモトメント欲ス、故ニ之ヲ新体ト稱スルナリ」とあり「新体」なる詩形を求めつつも、未だに七五調からは自由でなかったのである。つまり、「新体詩」とは宣言したものの、実際日本語という言語が持つ韻律から離れることは不可能なことであり、その必要も実はなかったのである。しかし、彼らの「新体詩」に向かう意思と努力が無駄であったわけでも、歴史的意味がなかったわけでもない。ここでの問題からすれば、「翻訳」という作業が外圧的でありながら、他方また自主的にも見えるのは、当時の文化人・知識人の意識の思惑と困惑があったからに他ならない。この思惑と困惑が実は大変な重要事なのである。

井上哲次郎は、新体の詩を作ろうとしてもなかなか難しく、まず、和漢古今の詩歌文章を学び、それより漸次に新体の詩を作る道を模索していると反省的に語り、最も困難なのは、日本古来の韻律と西洋の詩の押韻の質的差異の問題だと認識していた。そういった困難を熟知しつつも、「明治ノ歌ハ明治ノ歌ナルベシ、古歌ナルベカラズ……是レ新体ノ詩ノ作ル所以ナリ」とその詩歌の革新を信じて疑わなかった。明治維新という新たな夜明けへの渇望がいかに大きかったかを知らされる、というものだ。しかもその革新は「翻訳詩」がもたらす「新体」の可能性の中で実現されると考えていたのである。それゆえそれは、『新體詩抄』において翻訳詩の占める割合からも推察できるし、新しい日本語の「文体」の確立ということからしても、シェークスピアの『ハムレット』の二種類の翻訳を載せることで、その可能性を探っていたのである。

かの有名な文句「To be, or not to be, that is the question:」の二種類の訳の微妙な差をここで認識し、「新体詩」というジャンルにおいて「翻訳」が新体なる詩形の形成過程に深く関わっていることを確認しておきたい。

「ながらふべきか但し又　ながらふべきに非るか　爰が思案のしどころぞ」(尚今居士＝矢田部良吉訳)

「死ぬるが増か生くるが増か　思案をするはこゝぞかし」(ゝ山仙士＝外山正一訳)

後者の訳の方が、現今から見れば、詩形として微妙に口語的であり、歴史的にも言文一致への傾向を示しているといえよう。それが「翻訳」という事業のもたらす言語感覚の傾向的模索の結果であることは自明だろう。『新體詩抄』の編者たちも翻訳が示している、この新たな傾向をはっきりと感じ取っていたに違いない。だからと言って、新体詩を創作するときの思惑と困惑が消えたわけではない。ここではそれに拘りたいのである。なぜなら、その思惑と困惑は現代のわれわれにとっても決して無視することの出来ない、文化受容とその生成にかかわる解きがたい桎梏だからである。しかし、歴史的にはその後の新体詩運動はその桎梏を常に感じながらも、詩歌創作の流れとしては、それを忘却する方向に向かってしまったのである。湿った新体詩的抒情詩と、外面は「強豪」を自賛し、時流に投じられた「空元気《からげんき》」とその裏側に潜む情緒的軍歌の成立がその結果である。しかし、その二つ傾向の根は同一のものであり、明治初期に形成され、すでに『新體詩抄』のなかに潜在的に存在していた種子が、十余年を経て発芽し開花したものだと考えることができる。その根は日本の風土にその後も深く浸透していった。「日本では軍歌も哀愁を帯びる」と言ったのは川端康成だが、学生歌も童謡も労働歌も、どこか切ない抒情的気分が表出されており、明るいものは少ない。明治以降の日本の精神のあり方がそのような湿った情緒に流されていったからだろう。「空元気」と「湿った情緒」の結合は危険である。それは他者を消去し世界を無化する「強がり」を鼓舞すると同時に自閉的で自虐的な方向へと向かってしまうからである。その傾向が、明治・大正・昭和へと流れ、結果的には太平洋戦争へと向かった国民的心情であったことは歴史的に見れば自明だからである。しかし、明治初期の『新體詩抄』の登場がその後に続く時代すべてにおいて意味がなかったわけではないし、少なくとも言語形式の革新による社会開放への道を切り開いたこともまた確かなことであり評価できる。その中でも「翻訳」という形で現れていた、他者存在への感情移入だけではない啓蒙的に乾いた理性的積極性の方をもっと評価すべきなのかも知れない。あるいは、少なくとも、他者への眼差しのバランスを図る歴史的端緒を開いたことに対して自覚的になる必要はありそうだ。

『新體詩抄』の発刊後、竹内節編による『新體詩歌集』第一集が明治十五年十月に甲府徴古堂より出版され、第二集（同十二月）、第三集（明治十六年四月）、第四集（同六月）、第五集（同九月）と矢継ぎ早に刊行される。その衝撃が大きく多大な影響があったことを窺わせる。その足跡を詳細に辿ることが重要な作業となる。その後明治二十八年に外山正一は中村秋香、上田萬年、坂正臣を誘って『新體詩歌集　全』を刊行するが、最初の『新體詩抄』が持っていた衝撃的役割はその終わりを告げる。第二の「新体詩運動」というべきものの始まりであり、外山正一はその序で十五年前に編纂した『新體詩抄』について、時の過ぎるのは速いものだと回顧的に語るが、その内容を意識的に変化させており、そこに存在していた歴史的新しさの意味や、解釈の仕方によっては積極的に評価できる思想的な思惑と困惑の対立や錯綜、またそれに対する意識や自覚は全く影を潜め、明治十五年に私こそが軍歌なるものを作った初めであり、いまや貴賤を問わず誰でもが軍歌をつくり、万民がそれを必要とするようになった、といった口調が目立ち、上田萬年だけが翻訳詩がもたらした詩の自由を保持するのがやっとといった状態で、まさに詩歌の形態や内容も日清・日露の戦争に向かっての精神の抑揚を強める「官僚ミリタリズム」的傾向を助長し、その歩みを速めていったのである。

『新體詩抄』が刊行されて後、その精神を追うようなかたちで、物語的詩文が作られるようになった。湯浅吉郎（湯浅半月）の『十二の石塚』（明治十八年）、植木枝盛の『自由詞林』（明治二十年）、落合直文『孝女白菊の歌』（明治二十一―二十二年）などである。湯浅吉郎は群馬県安中の出身のクリスチャンで、ミルトンの『失楽園』などの影響もあって、旧約聖書『ヨシュア記』に題材をとり、「ユダヤの国」と「浦安の国」とを日本的風土の中で結合させて物語を構成しなおし、新体詩的詩文形式で書かれた『十二の石塚』は、まさに明治期のキリスト教の日本的受容のあり方をよく示している。明治初期キリスト教受容と宣教に一石を投じた植村正久がその序文を書き、新体詩のあいまいさとその古い体裁を批判した後「吾邦詩學上、今日ノ急要ハ一家新創ノ詩人ノ現ハレ出ルコトナルベシ」と個人的「創作」の必要性を説きながら、「嗚呼此詩、固トヨリ非難スベキ所ナキニ非ズ。然レドモ吾邦ニ在リテハ空前ノ作ナリ。新創ノ事業豈疵《し》瑕《か》ナキヲ得ン」と『十二の石塚』を賞賛している。しかし、植村が評価した以上に『十二の石塚』は、旧約聖書的ユダヤの歴史的真相を、隠喩的技法を駆使してこれほど的確に表出した叙事詩はなく、キリスト教的なものの日本文化への「翻訳形態」の影響を考える上でも看過できない作品と言うべきである。その最初の一回「緒言」の一節と五回「渓流《たにがは》」の最終節を引用しておく。

……………

我神よ　いざ生きてみむ
ユダヤの國原

……………

あわれ我　その鳩のごと
翼あらば　ユダヤの國の
いにしへの　神の恩恵《めぐみ》を
つげむため　いざかえらなん
うらやすの國に　（湯淺吉郎『十二の石塚』）

ここに、日本の風土に馴染んだ明治初期のキリスト教の質を感ぜざるを得ないと同時に、明治期がもったキリスト教に対する特殊な裏面史が垣間見られるのである。詳細に分析すべきテクストである。

植木枝盛は、土佐藩士出身で徹底した自由民権運動家で、『自由詞林』の「米国独立」の序文で「天下に戦争多しと雖も、未だ曾て米国独立の戦より義なるはあらず」、「自由はもとより独乙《ドイツ》の森林に芽出す、しかしてただその成長をなすは、すなはち不列顛《ブリテン》国にあり」と英米系の民主主義的自由を理想とし、これもまた新体詩の影響を受け、七五調の韻律文でその思想を表現している。落合直文は、宮城伊達藩の名門鮎貝家に生まれたが、国学者落合直亮の養子となり、落合の姓を名乗った。落合は「新体詩」に対してはその影響を受けつつも、万葉集的古歌風の歌調を引き継ぐような作風をめざし、その作風は、井上巽軒（井上哲次郎）の長編漢詩『孝女白菊詩』を基に、それを和訳する形で書かれた『孝女白菊の歌』にもよく表れている。一高の教師として「常に国家、国体、人情、風俗等すべて日本たる思想を脳裏に据ゑ、講学の際、須臾もわすれざる」という日本主義的精神を鼓舞し、この『孝女白菊の歌』も伝統的詩歌の形式を借りた「国民道徳」の「実情」の発露であり、その涵養の作業であったのである。

ここに挙げた三篇の詩歌は、明治二十年前後の、日本の知識人達の精神構造の三様の錯綜した形態をよくあらわしている。それを構造的に分析すると、土着化されたキリシタン的キリスト教から米国を経由したプロテスタント的キリスト教の導入、ルソーやミルの思想輸入に端を発する、民主主義的自由の理念、また欧化の波に晒されつつあった当時の精神的動向に、一種の必然的反動として向けられた伝統的道徳を国民的ナショナリズムと融和させる傾向の三様の思想形態を考えることができる。しかし、ここで問題にしたいのは、その表現された思想内容もさることながら、その表現形態が『新體詩抄』を嚆矢とした「詩歌革命」による文体のあり方をめぐって展開していたことである。ここが肝心である。この問題系は後の「言文一致」運動にまで継承されていくのである。そこに『新體詩抄』および『新體詩歌集』の歴史的意味と面目があったのである。その文体革命の発端的役割として、欧文からの「翻訳」の影が色濃く映し出されるのである。日本の近代化は名実ともに「翻訳」という作業を介して生成された表現形態としての「文体」にあったことは疑いないように思われる。「文体」は単なる文章に関わる外的な事柄ではなく、思想、情緒、制度そのものを現実的なものとして可能にさせ、直接決定付ける、言ってみれば超越論的「形式」としての役割を演じていたのであり、明治期の歴史的動向を包括的に受け入れる「器」そのものであったのである。この「文体」という超越論的形式の形成と実践こそ、明治の「初期的なもの」の発露であり、「翻訳」がもたらした必然的な帰結であった。

三　明治期における唱歌と讃美歌の関係

唱歌と讃美歌は歴史的に深くかかわっていた。そもそも明治期における音楽はその関係なしにはありえなかったのである。

最近の資料によると、讃美歌が初めて翻訳されたのは、明治五年のこととされている（『新選讃美歌資料集』「補遺」神戸女学院大学『新選讃美歌』研究会、二〇〇〇年）。明治五年といえば、最初の近代的学制制度が布かれた年でもある。この二つの事件は、相互に直接的関わりは全くない。しかし、明治初期の文化を考える上では、この二つの出来事は「同時代性」という意味をもった象徴的な文化現象と考えることができる。歴史的記述の場合、何をもって最初とするかはかなり厄介な問題があり、それを規定するにはさらなる実証的考察を必要とする。手代木俊一の『讃美歌・聖歌と日本近代』によれば、明治三十三年に書かれたジョージ・オルチンの『ヒムノロジー・イン・ジャパン』では、最初に讃美歌を日本語に翻訳したのは、ジョナサン・ゴーブルというアメリカ・バプテスト派の師であったという。それは讃美歌として今でも歌われている〈There is a happy land〉という曲であり、

「よい国あります　たいそう遠方
　信者は栄えて　光ぞ」

と訳されており、

「楽しい国は　とおくにあり
　信者は栄え　悦ぶ」

と訳しかえられ、さらに何度も訳し直されて今日に至っている。しかし、さらに研究が進み、最初の讃美歌は明治五年に「主われを愛す」と「あまつみくには」が訳されていたことが、キリスト教側からではなく、まだキリスト教に対して、少なからず禁教的に気を配っていた時期のスパイ資料として『大隈重信文書』のなかに入っているという。さらに興味を引くのは、川島第二郎という人物の、当時の人々は「よい国あります」を都々逸風で歌ったのであろう、という記述であり、讃美歌には「今様」風のものもあり、当時の日本人には「都々逸」風とか「今様」風としてしか讃美歌が歌えなかったのではないか、という事態である。これは、明治初期の日本における「翻訳」による文化変容という事態を考える上で格好の材料になる、といえよう（手代木俊一『讃美歌・聖歌と日本の近代』音楽の友社、参照）。

明治五年（一八七二）八月、学制発布、義務教育制の実施が決定された。しかし、音楽（唱歌）は第十四番目の教科とされたため、初めて小学校の授業で当用されたのは明治十五年のことで、そのとき教科書として『［小學］唱歌集　初編』（明治十四年十一月）が採用されたのである。『新體詩抄　初編』は明治十五年七月刊行だからほとんど同時期ということになる。「新体詩」も「唱歌」もそこに求められたものは「徳性の涵養と情操の陶冶」という明治初期の「維新」文化イデオロギーであった。『小學唱歌集』はその後第二編（明治十六年）、第三編（明治十七年）と続く。その編纂に当たったのは、明治十二年に文部省によって設けられた「音楽取調掛」と呼ばれた役所で、これが現代の「東京音楽大学」の前身となったのだが、そこに雇われたアメリカ人ルーサー・メーソンであった（メーソンを日本に招聘したのは森有礼だったといわれる）。メーソンによって編纂されたこの『小學唱歌集』こそ明治初期に端を発した、音楽による子女に対する情操教育に決定的な影響を及ぼしたのである。しかしこの『小學唱歌集　初編』の翻案は日本ではなくアメリカで試みられていたことが最近の研究で実証されている。ここで重要なのは、どこで作られたかということより、この教科書に実は七曲の讃美歌が含まれていたことである。しかしそれが讃美歌であることは隠され、明記されなかった。題名や歌詞が全く変えられていたのである。その内容は花鳥風月、忠君愛国、忠孝一本、天下泰平などが多かった。『小學唱歌集』の最初の曲である「見わたせば」は先ほどの讃美歌「よい国あります」である。その他われわれの知っている曲「庭の千草」、「むすんでひらいて」（ルソーの作曲で讃美歌にもなった）、「たんたんたぬきの」、「蛍の光」（スコットランド民謡となっているが、讃美歌でもあった）、「春のやよひ」などなど、すべて元は讃美歌だったのである。「日本人の音感は自分たちが知らない間に、讃美歌による洗礼をほどこされていたのだ」（安田寛『唱歌と十字架』音楽の友社）というのは、一般に明治期の文化受容にかかわるキリスト教の役割について考えるとき、重要な指摘であると言えよう。

先ほど触れたように当時の日本人は、西洋の音階に慣れていなかったため「都々逸風」、「今様風」にしか歌がうたえなかった。その事実は明治期の欧米からの文化受容を考える上で重要な視点を示唆していると言える。それにつけて明治初期の日本の音楽のあり方を語るとき、また日本の音楽教育の開始について思いやるとき、必ずや言及さるべき人物がいる。その人物こそ、明治八年アメリカに渡り、ブリッジウォールトの師範学校に入学し、その師範学校長に日本人には西洋音楽の習得はまず無理だから音楽の授業は免除しよう、と言われ、屈辱のあまり三日ほど泣き悲しんだ挙句、それ故にこそ日本の小学校で西洋音楽を教える必要を痛感し、同時にアメリカに渡った目賀田種太郎なる人物と、文部省に、上述した「音楽取調掛」を設けることを提案し、自らその御用掛に任命された伊沢修二という人物なのである。かれは万学に通じた秀才だったが、特に音楽の普及のため、どうしたら西洋音階と古来の日本音階とを調和させるかに心労した。「東西二洋ノ音楽ヲ折衷シテ新曲ヲ作ル事」、つまり、和洋音楽を折衷して「新国楽」なるものを創始しようとしたのである。そのような状況のもとで、一般的に言ういわゆる『小學唱歌集』なる音楽の教科書が制定されたのである。この『小學唱歌集』の成立とその成立過程は、普通考えられているよりはるかに重大で、『新體詩抄』と並んで近代日本成立期における歴史的事件とさえ言えるものなのである

(伊沢修二・山住正巳校注『洋楽事始――音楽取調成績申報書――』平凡社東洋文庫、参照。この書物は、西洋の音楽のリズム論の理解や応用に関しても画期的なものであり、今でもこれを超えるものはない。またそれを校注した山住正巳の『唱歌教育成立過程の研究』も明治初期の音楽事情を考察する上で決定的な意味をもっている)。

日本音階は「ヨナ抜き」と呼ばれる音階(四と七、つまりファとシの音が欠けている)であった。それゆえ最初は、『小學唱歌集』にもその音階に近い曲が選ばれたという。また、讃美歌は音の高低も適当で、曲の速さもゆっくりしているのが、当時の西洋音楽に慣れない日本人が親しみ習うのには適当な曲集だったのかも知れない。しかし伊沢修二は、西洋音楽に、特にその音階に慣れさせるため、『小學唱歌集　初編』の「緒言」の次に、西洋音階を数字で図示し、ミとファ(3と4)、シとド(7と・1)を狭く表記することで、その二つの関係だけが半音であることをはっきりと示そうと試みている(次ページ図参照)。

歌には曲(メロディー)と歌詞がある。歌詞を変えてしまえば全くその歌の意味が変化する。小学唱歌がすべて作曲者名と作詞者の名前を伏せておくのにはそれなりの理由があったのである。小学唱歌も時代の流れに沿って編纂され、歌詞も変わっていった。

例えば『蛍の光』。この曲は「ほたるの光窓の雪、書よむ月日重ねつつ、いつしか年も、すぎの戸を、明けてぞ、けさは、別れゆく」という叙情的な歌詞のため、今でも別れの曲として親しまれ歌い継がれている。しかし、小学唱歌に出ている『蛍の光』の三番、四番の「ひとつに尽くせ、國のため」とか「千島のおくも、沖縄も、八州のうちの、守りなり」といった歌詞を見れば、文部省『小學唱歌集』の目指したものが何であったか分かろうというものだ。それは、国民的情緒の育成と公共的徳育の強化であった。

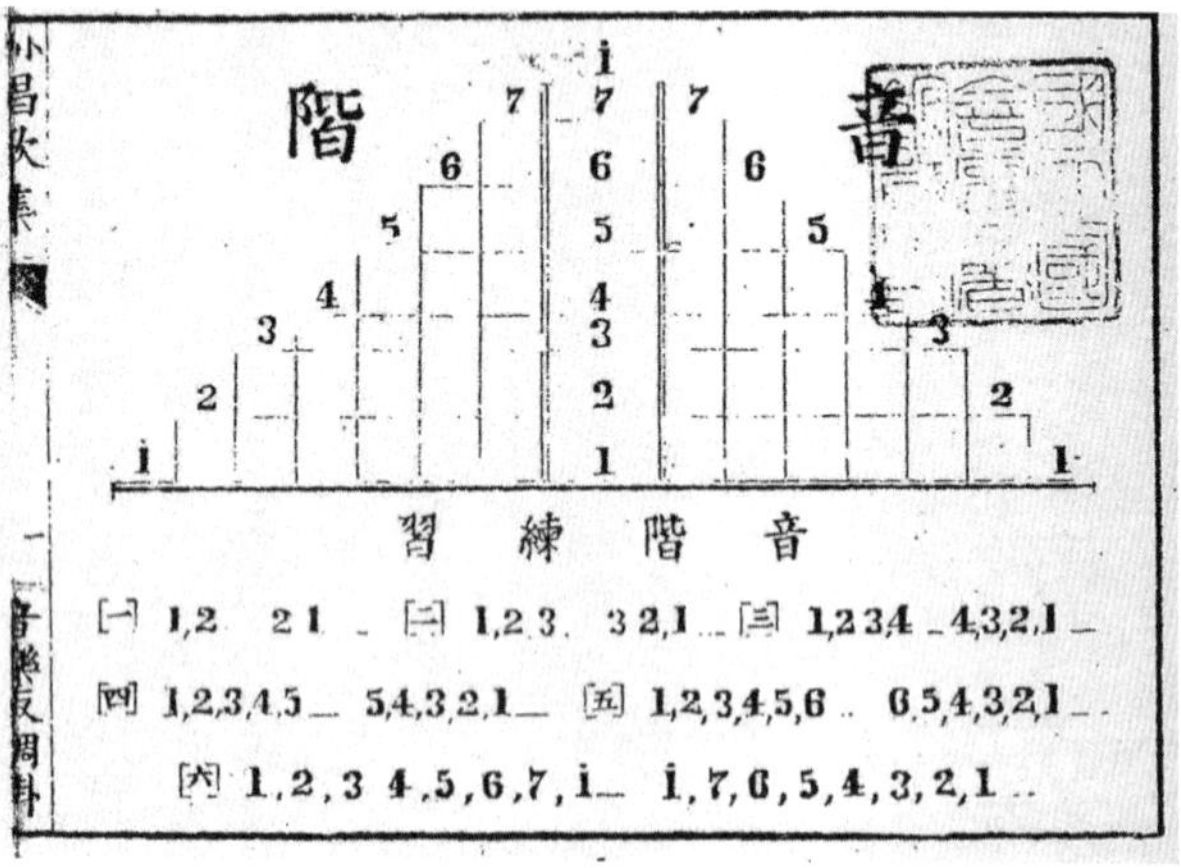

文部省音楽取調掛編纂『唱歌集　初編』(明治 14 年)
その音楽取調掛長が伊澤修二であった。(国立国会図書館蔵)

「小学唱歌」は、宮中や神社で奏せられた「雅楽」とも、また江戸時代から幕末にかけて私的な場で歌われた「俗謡」や「はやり歌」と呼ばれる「俗楽」とも根本的に異質なものだったのである。ここでも、西洋音階とリズムの導入による日本の伝統的韻律の変化とがその資質を規定し、その普及に加担し拍車をかけたことを、見逃してはならないだろう。こういった事情も広く解釈すれば音楽のリズムやメロディーの導入は「翻訳」の一断面と言うことができる。

明治から大正にかけて、その後唱歌もさらに変貌していった。さらに明らかに軍歌調のものが多くなったのもその特徴であるが、また国政・経済・教育などの発展によって、人口が都市に集中するようになり、田舎から都市に出てくる人が増加した。彼らはいつも望郷の念にかられていた。その共感が文学や唱歌にも表れてくる。今でも人口に膾炙し、愛唱されている『故郷《ふるさと》』という名歌もそのような環境で作られたのである。しかし、そこには隠された物語があった。戦前にもこの曲は音楽の教科書に載せられていたが、作詞者も作曲家も示されておらず、それが分かったのは戦後になってからであった。

日本人の心の琴線に触れるような心情を懐かしく歌っていると、多くの人に今も感じさせる曲『故郷』は、作詞が長野県出身の高野辰之、作曲は鳥取県出身の岡野貞一である。二人は東京音楽学校の教師をしていた。高野は国語、岡野は音楽だった。同時に高野は邦楽調査掛調査委員であり、岡野はその部署に作られた文部省唱歌編纂掛を兼務していた。明治四十二年、これまでの『小學唱歌集』を修正すべく文部省指導で「第一回小學唱歌教科書編纂委員会」が開かれ、「再編纂される読本のなかの詩に、楽曲をつけ唱歌集を編纂すればよい」という方針が決定された。このころからすでに、文部省による厳格な指導とその検定に関わる「教科書問題」は発生していたのだ。

幸いにか、あるいは不幸にか、高野と岡野コンビによる唱歌は優しい穏やかな性格を持ったものになった。邦楽と西洋音楽をどう調和させるかという難題に二人も苦心したに違いない。そのような事情の下に作られたのが『故郷』である。岡野貞一は明治二十五年鳥取教会で受洗し、翌年牧師と結婚した姉を頼って岡山に出てきてオルガンを習う。東京に出て東京音楽学校に入学、その後そこの教師となったクリスチャンだった。岡野は自分に聞きなれた歌いやすい讃美歌のリズムとメロディーを採択した。それが日本の風景や情景を歌った高野辰之の歌詞によく合ったのである。国家中心の軍国主義に走り出していた日本の情勢への無意識的反動だったのかも知れない。二人の共作による唱歌に『春の小川』、『朧月夜』などがある。ちなみに、『荒城の月』の滝廉太郎も明治三十三年に受洗している（安田寛『唱歌と十字架』、海老沢敏『むすんでひらいて考』岩波書店、等参照）。「小學唱歌集」と「新撰讃美歌」は異質な地盤をもちながらも共鳴し、敵対と和解とが微妙に交錯した明治初期生まれの双生児だったと言うことができる。

四　日本の近代化過程において「翻訳」は何をもたらしたのか

翻訳とはまず二つの言語の間に架橋する行為である。しかし言語は、物や事態に即した指示性と、語る人、書く者が抱く表出性とが分かちがたく結びついた二重の構造になっている。それにまた、その語や文章がいつどのような場所でどのような状況で語られたか、また書かれたかという、歴史的・文化的・政治的な文脈が加担する。それに全く同じ関係から翻訳によってそれを受け取る側も同じ問題を抱えることになる。それに、翻訳は単なる言語間の領域をはるかに超えて、政治・文化・制度・習慣、さらには思想や感情の差異を包み込む広い場面でのみ可能な困難な作業にならざるを得ないのである。翻訳はそれゆえ、言語を異にする異文化の出合いであり、そこに「移植」(transplantation)、「変容」(mutation)、「適合」(fitting) などが起こると同時に、それらの要素が同時に「すれ違い」、「摩擦」、「齟齬」、「誤解」などをもたらすこともあるのである。

翻訳というと普通、母国語でない言葉で書かれた文章を母国語に移しかえる作業を指すことが一般である。しかし他方、母国語が他の言語に移される場合もあるのであり、それを書いた本人も含め、当該国の者がそれをまた、外国語で読むという場合も想定しなければならない。夏目漱石の『我輩は猫である』が、例えばこの訳は誤訳に近いと思われるが、「I am a Cat」と訳されるような場合である。そのことが明治十五年の『新體詩抄』及び、それに続く時代の文章が、日露戦争の影響はあったとはいえ、ほとんど同時代的に翻訳されていたのである。翻訳とは単なる文章の移し変えではなく、現実および想像の世界での文化交流である。『新體詩抄』はアントニ・ランゲという詩人によって、一九〇八(明治四十一)年にポーランド語に翻訳され、ワルシャワで出版された。それ以前に、明治二十二年東京大学に招聘されたドイツのフロレンツ・カーロイなる学者によって、帰国後ヨーロッパに日本文学が精力的に紹介されており、『帝國文学』(明治二十八年)上における、詩歌の韻律や行替えなどに関する翻訳の問題をめぐっての上田萬年との論争は、現代から見ても非常に程度の高い論争である。ハンガリーのニェビッキー・ゾルターンなる人物によって『孝女白菊の歌』がハンガリー語に訳されており、それはフロレンツ・カーロイのドイツ語訳を基にしてなされたと言われている（赤塚行雄『「新体詩」前後』参照）。おそらく『新體詩抄』自身のドイツ語訳がすでにあった可能性は高い。ここで注目したいのは、政治的・社会的・歴史的な事件についての公的情報や学術論文を通してではなく、「詩文」といういわば私的な領域によって、いわゆる文化理解、文化交流が行われていた、ということである。いや「詩文」は私的なものと見なすことが間違っているのかも知れない。「詩文」こそ、プラトンの『国家篇』の「詩人追放論」まで遡らなくても、政治・制度・経済などを逆説的に反映する不可避の媒体なのである。ロシアを破った日本は、極東にある「黄色い希望の国」として、詩文を通じてヨーロッパに伝えられていたのである。これこそオリエンタリズムそのものではないか。オリエンタリズムは必ずしも否定的に捉える必要はない。時代的差を考慮しても、ラフカディオ・ハーンも島崎藤村も、またファン・ゴッホも藤田嗣治も同じ道を逆方向に走っただけであり、オリエンタリズムもオクシデンタリズムも共に文化の翻訳作業の結果として同一な場所に位置づけられなければならない。外部への羨望（望郷）と内部への帰還（帰郷）とが同時に存在しているところも、「翻訳」文化の要請するところであり、その結果の現れとして、それらは共に、構造的に同一なものと見做すことができ、決して相反し矛盾するものではないと言うべきだろう。翻訳は自他を同時に成立させ、それを媒介する場所を開き、相互に交流し、交換し、交代することを可能にするのである。

幕末から明治にかけて、多方面にわたった翻訳作業は、その速度と量においても、異文化に架橋するという面で空前絶後の感がある。そこに費やされた文化的に高度なエネルギーは質量ともに莫大なものがあった。そこで近代日本の方向が決定されたのである。そこに西欧文化の極北としてキリスト教が、しかも十九世紀的に近代化されたキリスト教が影に日向に、錆付いてしまった刀を厭いながらも職を失って貧窮化した下級武士たちに、それまでに養った知識に新たな要素を付加して折衷的転換を迫りながら接近していったことは確かである。そこで何が起こったのか。こう言ってよければ、文化的翻訳作業を介して、また、そう名づけてよければ「心情革命」なる事態が発生したのである。明治初期における「新体詩」、「唱歌」、「讃美歌」はその「心情革命」の歴史的発端を担ったのである。そこで、文人だけでなく、いわゆる知識人・文化人たちも、その中にこれまでに経験しなかった異質な文化の香りを嗅ぎ、戸惑いと同時に新たな快感をも感じながら、他方また、それは伝統的な情緒を否定する楔のように深く突き刺さり、それへの反動を繰り返しながらも、それを享受した人々は同時に致命的な心傷を負ったのである。そのような傾向に肯定的であれ否定的であれ、誰もそこから自由ではあり得なかった。それが「時代《エポック》」というものなのだ。そこで打たれた楔は抜き差しならぬ緊張感と痛みを伴った重層的なものであり、それは日本の近代化にとって必然的なものでもあったのである。明治初期に経験したその心傷が示す苦悩は消えることなくその後の日本のあり方を規定しており、いまだにそこから抜け出ていない。

透谷、独歩、藤村らの内面を形成している、清浄な高邁さと風土的な土着性が同居し感傷主義《センチメンタリズム》へと流れていくキリスト教の日本的受容を含めて、明治初期のこの重層的「心情革命」は日本の近代化を支えた最も重要な契機であり、それこそが、前述したように、その後の日本の文化のありようを決定づけ、そこで受けた解消しがたい心的外傷（トラウマ）から現代もまだ自由になってはいないのである。いうなれば、キリスト教に触れ、アメリカから帰国した内村鑑三が、日本に創設発起されたキリスト教学校（カレッジ）を「奇妙な組織なるかな」と感じたように、明治初期に成立した『新體詩抄』も『小學唱歌集』も「奇妙なもの」だったことは間違いない。しかし、キリスト教との接触によって媒介され成立したこの「奇妙さ」こそ「新しさ」の異名であり、当時の人々を魅了し、「実」の日常生活とは異質なものであり、実際それとは大きく乖離しながらも、当時翻訳を介して成立した詩歌の中にその陰影を保ち、あたかも自分のほうから感情移入したかのように積極的に享受した一つの「あこがれ」として表出され浸透していった。それは、それへの反動を同時に顕在化させながらも消えることのない深傷を残した、まさに近代日本成立期における「心情革命」と呼ばれるにふさわしいものであった。それは、明治期以降の日本の詩文学の流れに棹さしながらも、近代日本の行方を質的に決定した否定しがたい傾向だったのである。またそれは、時には直接的に、あるいは広く間接的に日本の教育や文化現象を規定し続けているのである。現代その影は薄れいくようにも見えるが、その歴史的意味が消失することはあり得ず、むしろ事件自体は遠のいて時効となり、かえってそのまま定着してしまった感があり、直に意識されることは少ないが、逆に、それ以降の経過を辿ると、それは、いわゆる「心情的な日本」あるいは「日本的な心情」なる情緒を裏側から支えてきた当の隠蔽された下手人だった、と言うべきなのかも知れない。

幕末、明治、大正、昭和、平成と流れてきた日本近代文化が今ここへ来て大きな試練に、まさに今現代そこに立たされていることは間違いない。現代の状況をただ「グローバル化現象」などと呼び「異文化理解」を唱えただけでは何の解決にもならない。現代異文化間においてお互いにどうしても避けて通れないのは「環境問題」と「英語問題」だと思う。それは、日本にとっては歴史的に熟考を強いる重い課題である。どちらも、「国家」という境界を超えているということでも、両者は通底しており、政治・経済・文化のすべてを結集させてこの問題にかかわらなければならないだろう。そこに隠れた形で横たわっているのが広い意味での「翻訳」の問題なのである。われわれが考えている以上に翻訳の問題は、新しい世界情勢を考え構築していく上でも、ことのほか重要で根の深い領域だからである。それは、生活の規範を支え文化の相互関係を可能にしている人間の「言語」と、それがもたらす「心情」のあり方に根をもっていることに起因している。ここでは、その現象の基本形態が明治初期にすでに顕在化していたことをここではっきりと認識し確認しておけば足りる。

音楽や詩歌、広くは文学とか芸術とか呼ばれる分野は、政治・経済・社会が直接引き起こす緊迫した事態に対しては無力のように考えられがちだし、実際その力をもたない。それらはそれぞれの文化に付随した多様な幻想であり、現実を稼働させる「実力」に欠ける。しかし、実はそれらの現実的事態の変革を内側から支え、その価値の方向付けを決定する隠された契機であることを忘れてはならない。それはまた、戦争や紛争に加担するように働く場合もあるが、そこにこそ時代性を超えて国家間の誤解や紛争の和解を可能にする決定的な要素が潜んでいることも看過してはならないだろう。そのことからすれば、逆に「現実」は多様で、与えられた条件によってはいかようにも変化してしまうが、人間が抱く、あるいは抱いてきた「幻想」は、場所的にそれぞれ異質で歴史的に変貌しながらも、その意義は何処でも普遍的だというべきかも知れない。

ある課せられた課題は、それが歴史的に解明されるべきことであればある程、その課題は過去を引きずりながら未来へと受け渡されるものである。ここでは、明治初期における日本語の運針にとって「言語革命」とも呼ぶべき事態の発生に関与した「翻訳作業」の果たした意味を確認し、その「翻訳」に起因して顕現し、その後も、さまざまに変容しながらも現在にいたるまで引き継がれ、直接に言語的な場面だけでなく、日本近代の成立事情を包括する場を提供すると同時にその成立の核となった、ここでいう「心情革命」なるものの歴史的意味とその役割を、その課題として考えたかったのである。

資料および参考文献

直接にまた間接的に参考にしたものを挙げる。

〈資料〉

文部省音楽取調掛編纂『唱歌集』（明治十四年、伊沢修二監修）
伊澤修二編『小學唱歌集　初編』（明治十四年）
外山正一・矢田部良吉・井上哲次郎編『新體詩抄』（明治十五年、「特選　名著複刻全集」近代文学館、昭和五十六年）
竹内隆信編『新體詩歌』第一集（明治十七年）
伊沢修二『音楽取調成績申報書』（明治十七年、伊沢修二・山住正巳校注『洋楽事始』平凡社東洋文庫一八八、昭和四十六年）

湯淺吉郎『十二の石塚』（明治十八年、「特選　名著複刻全集」近代文学館、昭和五十一年）
伊澤修二編『小學唱歌　壱』（大日本圖書、明治二十五年）
外山正一・中村秋香・上田萬年・坂正臣編『新體詩歌集　全』（明治二十八年）
文部省『尋常小學唱歌　第一學年用』（大日本圖書、明治四十四年、昭和六年第二八版「完全復刻版」、日本学舍、昭和五十二年）
井上武士著『新訂尋常小學唱歌の解説と取扱』（明治圖書、昭和七年）
堀内敬三・井上武士編『日本唱歌集』（岩波文庫、昭和三十三年）
金田一春彦・安西愛子編『日本の唱歌［上］明治篇』『同［下］学生歌・軍歌・宗教歌篇』（講談社文庫、一九七七年、一九八二年）
内村鑑三、鈴木俊郎訳『余は如何にして基督信徒となりし乎』（岩波文庫、一九三八年）
谷崎潤一郎『文章読本』（中央公論社、一九六七年）
有吉保監修『吟詠教本　和歌、今様、俳句、新体詩篇』（笠間書院、平成九年）
『舊新約聖書　文語訳』（一八八七年、復刻版、日本聖書協会、一九九一年）
『新体詩　聖書　讃美歌集』（新日本古典文学大系　明治篇一二、岩波書店、二〇〇一年）

〈参考文献〉

加藤周一・丸山眞男『翻訳の思想』（日本思想体系一五、岩波書店、一九九一年）
柳父章『翻訳語成立事情』（岩波新書、一九八二年）
柳父章『翻訳語の論理――言語にみる日本文化の構造』（法政大学出版局、二〇〇二年）
丸山眞男・加藤周一『翻訳と日本の近代』（岩波新書、一九九八年）
亀井俊介編『近代日本の翻訳文化』（中央公論社、一九九四年）

森岡健二『改訂　近代語の成立　語彙編』（明治書院、平成三年）
川村二郎『翻訳の日本語』（中央公論社、昭和五十六年）
柳父章『ゴッドと上帝――歴史の中の翻訳者――』（筑摩書房、一九八六年）
赤塚行雄『「新体詩」前後――明治の詩歌――』（学芸書林、一九九一年）
三浦仁『詩の継承――「新体詩抄」から朔太郎まで』（おうふう、平成十年）
山住正巳『唱歌教育成立過程の研究』（東京大学出版会、一九六七年）
中村理平『洋楽導入者の軌跡――日本近代洋楽史序説――』（刀水書房、一九九三年）
上沼八郎『伊沢修二』（吉川弘文館、人物叢書、昭和三十七年）
川本皓嗣編『歌と詩の系譜』（中央公論社、一九九四年）
海老沢敏『むすんでひらいて考――ルソーの夢』（岩波書店、一九八六年）
猪瀬直樹『ふるさとを創った男』（日本放送出版協会、一九九〇年）
菅谷規矩雄『詩的リズム――音数律に関するノート』（大和書房、一九七五年）
町田嘉章・浅野健二『わらべ歌――日本の伝統童謡――』（岩波書店、一九八三年）
久山康編『近代日本とキリスト教――明治編――』（基督教学徒兄弟団発行、創文社、昭和三十一年）
高橋昌朗『明治のキリスト教』（吉川弘文館、二〇〇三年）
佐藤泰正『日本近代詩とキリスト教』（翰林書房、一九九七年）
安田寛『唱歌と十字架――明治音楽事始め――』（音楽の友社、一九九三年）
手代木俊一『讃美歌・聖歌と日本の近代』（音楽の友社、一九九九年）
神戸女学院大学『新撰讃美歌』研究会編『新撰讃美歌資料集』補遺（二〇〇〇年）
大塚野百合『讃美歌・唱歌ものがたり』（創元社、二〇〇二年）
同右『讃美歌・唱歌ものがたり2――「大きな古時計」と讃美歌――』（創元社、二〇〇三年）

「奉教趣意書」に読む熊本バンド

塩野和夫

花岡山山上にある「熊本バンド奉教之碑」

はじめに

日本プロテスタントの三大源流と呼ばれるグループがある。横浜バンド、熊本バンド、そして札幌バンドである。これらのグループには、それぞれを特色付ける文書がある。

一八七二（明治五）年三月十日に、アメリカ改革派教会宣教師J・H・バラ（Ballagh, James Hamilton 1832-1920）を仮牧師として、それまでに洗礼を受けていた二名とその日受洗した九名を加え、十一名の信徒が横浜に日本基督公会を設立した。彼らとまもなくこのグループに加わった人々を指して、横浜バンドとよぶ。公会設立当初に定められた「日本基督公会設立当初の条例」（以下、「当初の条例」と略す[1]）が、横浜バンドの性格をよく表現している。

一八七六（明治九）年一月三十日に、L・L・ジェーンズ（Janes, Leroy Lansing 1837-1909）の指導を受けていた熊本洋学校の生徒たち約四十名が、熊本郊外の花岡山で「奉教趣意書」（以下、「趣意書」と略す[2]）を公にした。これに署名した生徒たちと後にこのグループに加わった人たちを指して、熊本バンドという。

一八七七（明治十）年三月五日に、札幌農学校長W・S・クラーク（Clark, William Smith 1826-1886）が書いたCovenant of Believers in Jesus Christ（「イエスを信じる者の契約」）（以下、「契約」と略す[3]）に署名した農学校一期生全員とその後これに署名した二期生とを札幌バンドとよぶ。

「趣意書」を「当初の条例」および「契約」と比較すると、熊本バンドの特色が顕著になる。「当初の条

熊本洋学校校舎（現在の新町１丁目より明治10年頃撮影）富重利平 撮影

例」がバラの指導を受け、あるいは「契約」がクラークによって書かれたのに対し、「趣意書」は熊本の青年たちが書いた。執筆に際し、彼らはジェーンズのアドバイスを受けていない。一八七〇年代半ばに日本の青年たちがキリスト教に対する真摯な心情を披瀝したのが、「趣意書」なのである。

内容に関してもその特色は明らかである。「当初の条例」では、「第一　公会規則」は主として信仰内容であり、「第二　内規定」は教会規則である。「契約」の場合、序文は誓約の言葉であり、本文が信仰の内容を記し、戒めでは倫理規定をあげている。それに対し、熊本バンドは「趣意書」の本文でキリスト教を学び伝える志を表明し、条文で彼らの志を具体化するための責任と行動を述べている。要するに、主体的にして実践的な決意表明が「趣意書」の特色である。

このような特色を持つ「趣意書」を公にした熊本バンドとは、どのような青年集団だったのか。彼らの思想と行動は日本近代のキリスト教受容においてどのような位置を占め、意味を持つのか。これらの課題に対し、本稿は「趣意書」の分析を中心として考察する。

一　熊本バンド構成員はどのような青年であったか

（一）熊本バンドの構成員

熊本バンドを構成したのは、どのような青年であったのか。彼ら全員の氏名・生没年・出身地・洋学校入学年次・「趣意書」発表時の年齢をまとめたのが表1である。

表1　熊本バンド構成員の一覧表

番号	氏　名（生年―没年）	出身地	入学年次	趣意書発表時年齢
1	宮川経輝（一八五七―一九三六）	阿蘇郡宮地	二期生	十八歳
2	古荘三郎（不詳）	松山	―	―
3	岡田松生（一八五八―一九三九）	八代郡鏡村	三期生	十七歳
4	林　治定（不詳）	―	―	―
5	不破唯次郎（一八五七―一九一九）	肥後国	二期生	十九歳
6	由布武三郎（不詳）	柳川	二期生	―
7	大島徳三郎（不詳）	―	―	―

8	蔵原惟郭（一八六一－一九四九）	阿蘇郡宮地	五期生	十四歳
9	金森通倫（一八五八－一九四五）	玉名郡小天本村	二期生	十八歳
10	吉田万熊（不詳）	－	－	－
11	辻（家永）豊吉（一八六二－一九三六）	－	四期生	十三歳
12	亀山　昇（一八六二－一九四三）	八代	－	十三歳
13	海老名喜三郎（弾正）（一八五八－一九三七）	柳川	二期生	十七歳
14	浦本武雄（一八六四－一九一三）	天草	五期生	十一歳
15	大矢武雄（不詳）	－	五期生	－
16	両角正之（一八五六－不詳）	－	－	十九歳
17	野田武雄（不詳）	－	四期生	－
18	下村孝太郎（一八六一－一九三七）	熊本	二期生	十四歳
19	北野要一郎（山田正喬）（不詳）	－	－	－
20	加藤勇次郎（一八五七－一九三四）	菊池郡広瀬村	二期生	十八歳
21	原井淳太（不詳）	－	－	－
22	紫藤　章（一八六〇－不詳）	－	－	十五歳
23	松尾啓吾（一八五九－一九二二）	八代	－	十六歳
24	金子富吉（不詳）	－	五期生	－
25	古閑義明（不詳）	－	－	－
26	上原方立（一八六〇－一八八四）	八代	五期生	十五歳
27	徳富猪一郎（蘇峰）（一八六三－一九五七）	水俣	二期生（中退）五期生	十二歳
28	森田久万人（一八五八－一八九九）	山鹿郡上長野村	一期生	十七歳
29	伊勢（横井）時雄（一八五七－一九二七）	下益城郡沼山津村	一期生	十八歳

30	浮田和民（一八六〇—一九四六）	熊本	一期生	十六歳
31	坂井禎甫（一八五七—一八八七）	高瀬	四期生	十八歳
32	市原盛宏（一八五八—一九一五）	阿蘇郡宮地	二期生	十七歳
33	川上虎雄（不詳）	—	—	—
34	鈴木　万（一八六〇—不詳）	—	—	十五歳
35	今村慎始（一八五九—一八八九）	八代	五期生	十五歳
36	小崎弘道（一八五六—一九三八）	熊本	一期生	十九歳
37	山崎為徳（一八五七—一八八一）	水沢	一期生	十八歳
38	吉田作弥（一八五九—一九二九）	飽田郡赤尾	一期生	十七歳
39	和田正脩（一八五八—一九三四）	八代	二期生	十七歳
40	赤峰瀬一郎（不詳）	—	二期生	—
41	郡　徳隣（一八五八—一九三九）	八代	二期生	十七歳
42	原田　助（一八六三—一九四〇）	熊本	—	十二歳
43	岡田源太郎（不詳）	—	一期生	—

＊生没年は太陽暦に従い、年齢は満年齢で表記した。
＊入学年次は一期生が一八七一年、二期生が一八七二年、三期生が一八七三年、四期生が一八七四年、五期生が一八七五年である。
＊35番までが花岡山での署名者である。36番以降はその後加わった人たちであり、研究者によって見解が異なる。本表では最も広く解釈した。[4]
＊出身地は引用文献の表記に従った。

表2　熊本バンド構成員の入学年次と「趣意書」署名時年齢

年齢／年次	11歳	12歳	13歳	14歳	15歳	16歳	17歳	18歳	19歳	不詳	合計
一期生						1	2(1)	2(1)	1(1)	1(1)	7(4)
二期生				1			4(2)	3	1	2(1)	11(3)
三期生							1			1	2
四期生			1					1		1	3
五期生	1	1		1	2					2	7
不　詳		1(1)	1		2	1			1	7	13(1)
合　計	1	2(1)	2	2	4	2	7(3)	6(1)	3(1)	14(2)	43(8)

＊年齢は満年齢であり，（　）内数字は署名後に加わった人たちの人数である。

（二）　入学年次と年齢の全体像

表1で熊本バンド構成員の氏名などを一覧した。ただし表1だけで、この集団の全体像を把握することは難しい。たとえば、花岡山での署名時に彼らが意外と若かった印象を受ける。しかし、実際はどうであったのか。そこで、表1に基づき、構成員の全体像を描き出すために作成したのが、表2である。表2によって、構成員の熊本洋学校における年次や年齢に関する全体像を概観できる。

表2によると、熊本バンド構成員は一・二・五期生が多い。この結果は、一・二期生に関しては入学者名が分かり彼らの年齢もかなり分かることが一因である。逆に四・五期生については、洋学校の混乱もあって、入学年次および年齢の不詳者が多い。これらの事情から、年次・年齢不詳者に四・五期生が多いと推測できる。彼らは年齢も低い。

したがって、表2の示す構成者年次では一・二・五期生が多い。年齢では十一歳から十九歳までの広がりがあるものの、十七〜十九歳の層が厚くなっている。一・二期生で十代後半の青年たちを中心に、入学したばかりで十代前半の五期生も一・二期生の感化によって参加するものがあったと解釈できる。

しかし、年次・年齢不明者の傾向を加味すると、三期生を除く全学年から偏りなく構成されることになる。年齢も十代の各年齢ごとに五名程度の構成員がいたと考えられる。そうだとすると、ジェーンズの薫陶を受けた一・二期生と一・二期生の影響を受けた四・五期生、それと少数ではあるが三期生から熊本バンドは構成されていたことになる。

（三）　西教派と正義派

表2は、熊本バンド構成員が熊本洋学校においてある程度の参加者を得ていたことを示している。だが、「ある程度」とはどの程度なのか。一八七五年秋以降、洋学校では西教派と正義派の二グループが対立していた。これらのグループ構成員数を分析することによって、「趣意書」公表当時の熊本洋学校の状況を知ることができる。花岡山での「趣意書」署名時の両グループの人数は、表3の通りである。

ところで、西教派とは何なのか。西教派とは熊本洋学校内で「趣意書」に署名した生徒たちを総称したグループ名であり、西教とは洋学校の設立に影響を与えた横井小楠がプロテスタント・キリスト教につけた名称である。したがって、西教派というグループ名は小楠の思想との関係を示唆している。西教派に対立したのが、「正義派」である。正義派も小楠の立場を継承していると主張した。

そこで、西教派と正義派の双方に影響を与えた横井小楠の思想を見ておかねばならない。[5]小楠は、甥の

表3　熊本洋学校における西教派と正義派

年　次	一期生	二期生	三期生	四期生	五期生	年　次 不詳者	合 計
入学者数	45	63	36	不詳	不詳		200
1874年9月	14	23	26	不詳	—		不詳
卒業生（1875年9月）	11						11
西教派（1876年1月）	3(4)	8(3)	2	3	7	12(1)	35(8)
正義派（1876年1月）	5(2)	7(1)	8	4	0	12(1)	36(4)

＊西教派・正義派いずれも花岡山での「趣意書」署名時（1876年1月）の人数である。

＊西教派の（　）内数字は，署名後加わった人数であり，その中の四名は正義派から移っている。正義派の（　）内数字は，署名後西教派に移った人数である。

横井佐平太と横井太平を一八六六年にアメリカ合衆国へ送るにあたり、送別の辞を贈っている。この詩に小楠の雄大な思想が表現されている。

堯舜孔子の道を明らかにし　西洋機械の術を尽くす
何ぞ富国に止まらん　何ぞ強兵に止まらん
大義を四海に布かんのみ
心に逆らうこと有るも　人をとがむること勿れ
人をとがむれば徳を損ず　為さんと欲する所有るも心を正にする勿れ
心を正にすれば事を破る　君子の道は身を修むるにあり

横井小楠の思想にキリスト教の影響を見たのが、ジェーンズからキリスト教の薫陶を受けた生徒たちである。彼らは儒教倫理の向こうにそれを超えたキリスト教倫理を解釈した。たとえば、送別の辞における「大義」である。これは儒教の枠内で解釈されえるのか。彼らにとって、小楠の「大義」はキリスト教によってはじめて理解し、実践できる。それに対して、正義派は小楠の儒教倫理を立場とした。「大義」とは儒教倫理であり、西洋からは技術を取り入れればよいのである。したがって、横井小楠の立場を継承するのは正義派であり、西教派は小楠から外れていると批判した。洋学校内では両者の論争が起こり、一八八五年秋にはそれぞれのグループからの勧誘活動も激化していた。

表3は、西教派と正義派が人数では拮抗していた状況を示している。それだけではない。当時の洋学校在学生徒数は百名内外だと推測できる。そうだとすると、西教派・正義派は一期生を除いても、それぞれ在校生の三〇パーセント程度の構成員を維持している。学内における両グループの存在はきわめて大きかったのである。

二 「奉教趣意書」の公表

(一) 一月三十日説と二十九日説

熊本バンド構成員の考察に続いて、花岡山における「趣意書」の公表とそれに続く一連の出来事及びその意味を検討する。[6]

花岡山は熊本洋学校からは西南西約一・五キロメートルにあり、熊本市街を一望できる。従来の説によると、一八七六年一月三十日(日)に、洋学校教師ジェーンズ邸での礼拝を終えた生徒たちは数名ずつのグループに分かれ、人目を避けて花岡山に登った。その間に横井時雄(一期生)・宮川経輝(二期生)・金森

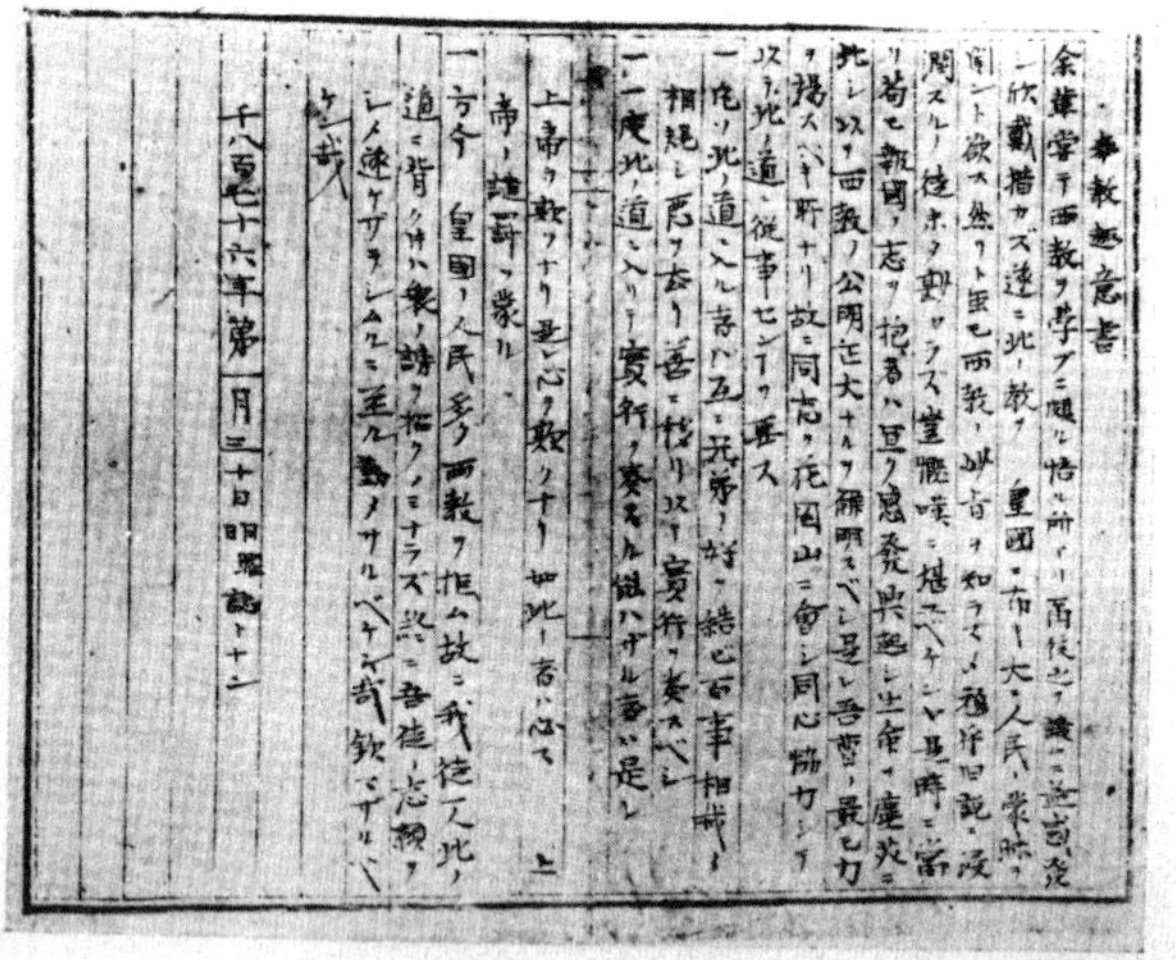

奉教趣意書　同志社所蔵

奉教趣意書

余輩嘗テ西教ヲ学ブニ頗ル悟ル所アリ　爾後之ヲ読ムニ益感発シ欣戴措カズ　遂ニ此ノ教ヲ　皇国ニ布キ　大ニ人民ノ蒙昧ヲ開カント欲ス　然リト雖モ西教ノ妙旨ヲ知ラズシテ頑乎旧説ニ浸潤スルノ徒未ダ尠カラズ　豈慨嘆ニ堪ユベケンヤ　是時ニ当リ苟モ報国ノ志ヲ抱ク者ハ宜ク感発興起シ　生命ヲ塵芥ニ比シ以テ西教ノ公明正大ナルヲ解明スベシ　是レ吾曹ノ最モ力ヲ竭スベキ所ナリ　故ニ同志ヲ花岡山ニ会シ同心協力シテ以テ此ノ道ニ従事セン事ヲ要ス

一　凡ソ此ノ道ニ入ル者ハ互ニ兄弟ノ好ヲ結ビ百事相戒メ相規シ悪ヲ去リ善ニ移リ以テ実行ヲ奏スベシ

一　一度此ノ道ニ入リテ実行ヲ奏スル能ハザル者ハ是レ上帝ヲ欺クナリ　是レ心ヲ欺クナリ　如此キ者ハ必ズ上帝ノ譴罰ヲ蒙ル

一　方今　皇国ノ人民多ク西教ヲ拒ム　故ニ我徒一人此ノ道ニ背ク時ハ衆ノ謗ヲ招クノミナラズ終ニ吾徒ノ志願ヲシテ遂ゲザラシムルニ至ル　勤メザルベケン哉欽マザルベケン哉

千八百七十六年第一月三十日日曜日誌トナン

『100周年記念　熊本バンド―近代日本を拓いた青年群像』1976年，１頁

通倫（二期生）・海老名弾正（二期生）は、横井の家に集まり事前の打合せをした。この四名は西教派の中心メンバーであったと考えられる。彼らは、坂井禎甫（四期生）・上原方立（五期生）・古荘三郎（年次不詳）が準備した奉教趣意書草案を手直しし、また集会の司会者や祈禱者などを決めた。「趣意書」草案は、したがって意外にも下級生の手による。

花岡山の山頂近くにある鐘掛けの松の下に集まったのは約四十名である。いつものように円座を作ったのは、夕日が沈む頃であった。司会を担当した金森が開会を宣言し、一同はJesus Loves me（「主、我を愛す」）を英語で歌った。聖書は横井がヨハネ福音書十章（「私は良い羊飼いである」の箇所）を読み、古荘が「趣意書」を朗読した。その後、司会者が祈禱を求めたところ、事前の打合せに従って、三、四名が次々と祈った。祈りの後に、司会者の指導により「趣意書」に署名した。三十五名が署名したが、しなかった者もいた。

ところで、辻橋三郎によると「趣意書」を公にしたのは一月三十日ではなく、前日の一月二十九日である。根拠とするのは次の二点である。まず、そもそも署名した人たちや関係者の中に「一月三十日説」と「一月二十九日説」があり、三十日とは断定できない。辻橋によると「小崎・宮川・岡田・金森」が三十日説を採り、「亀山・海老名・吉田」は二十九日説を採る。第二に署名の字がいずれもたっぷりと墨を含んでいる事実である。山の上でこのような字が書けたであろうか。山を降りてから署名したと考えるのが妥当ではないか。そうだとすると、「趣意書」に署名をしたのは一月三十日だが、花岡山での出来事は二十九日であったと推測される。なお、二十九日説の場合、式の内容は同じだが、集会は午前中に行われたと考える。

本稿は、従来の一月三十日説を採用する。

（二）　表明後の行動と迫害

西教派が花岡山で「趣意書」を公にしたのは、一八七六年一月三十日であった。それにしてもなぜ、それは一八七六年一月三十日だったのか。あの時に「趣意書」を公にした理由は何であり、「趣意書」の公表を契機として、彼らはどのような行動に出たのか。

西教派の活動は一八七五年秋から洋学校内においてさかんになっていた。正義派も、西教派に対抗して、学内での活動を活発に行っていた。両グループは学内では勢力が均衡していたので、優位性を確保するために勧誘活動が重要になった。正義派から西教派に移る者もあり、西教派から正義派に移る者も出たと思われる。正義派とのあつれきが増す中で、西教派の主義主張を確認し、組織を固める必要が生じた。そこで、一八七六年一月三十日に花岡山で「趣意書」に署名することになった。これらの理由に関しては「趣意書」の内容からも確認できる。

「趣意書」を公表した後、西教派は洋学校内での活動を継続する。三十五名の署名者以外に、署名後、西教派の構成員が八名も加わっている事実、その中に正義派から西教派に四名移っていた事実からも当時の活動を推測できる。その頃、両グループの討論会が洋学校内で行われた。正義派は討論を通じて、洋学校からの西教派追放を目論んだが、これは成功しなかった。(7)

西教派に対する迫害は、予想された事態ではあったが、「趣意書」署名後に本格化した。横井時雄は母から棄教を厳しく迫られ、金森通倫は家族から棄教を説得された。棄教を迫ったのは、洋学校に敵対していた者ではなく、署名した者たちの家族や関係者であった。彼/彼女らは洋学校設立に尽力した熊本実学派の関係者で、横井小楠の継承者でもあった。小楠は耶蘇教を理由として殺害され、この理由は多くの支持を得ていた。だから、洋学校から西教派を出すことだけはあってはならなかった。ところが、「趣意書」の公表後、西教派の存在は洋学校外部にまで知られるようになった。実学派としても本腰を入れて棄教を迫らざるを得なくなる。こうして、実学派関係者は西教派の生徒たちを厳しくいさめ脅し棄教を迫った。

三　「奉教趣意書」を読む

(一)　本文を読む

「趣意書」は、本文と条文から構成されている。本文はさらに、「導入の言葉」「人々の反応」「使命の自覚」「花岡山に集まった理由」からなる。「趣意書」を読み解くために、小見出しを付けた上で、本文を現代語に直す。その上で、本文の解釈を加えておく。

(a)　導入の言葉

a―1　現代語訳

私たちは以前キリスト教を学んだが、たいへん教えられるところがあった。それ以来、キリスト教の本を読み、ますます心を打たれることがあり、喜びを受けざるをえない。ついに、この教えを日本に行き渡らせ、大いに人々の無知を啓発したいと願うようになった。

a－2　解釈

導入の言葉は彼らがキリスト教と出合った経緯を述べている。ジェーンズが自宅で聖書研究を始めたのは一八七三年秋である。ジェーンズはまたキリスト教に関心を持つ生徒には本を貸し読ませた。それはたとえば、H・ブッシュネル（Bushnel, Horace 1802-1876）の著書など、当時のアメリカ合衆国におけるリベラルな立場のキリスト教であった。生徒たちは、キリスト教を学ぶうちに、日本にキリスト教を宣教したいと考えるようになった。

ところで、「趣意書」でキリスト教を「西教」とよんでいることは注意を要する。西教という呼称には儒教的な背景があり、横井小楠との関連もある。

同様に「皇国ニ布キ」という表現には、小楠の「四海に布かん」との類比が見られる。彼らの西教は小楠の志を継承している。

（b）人々の反応

b－1　現代語訳

ところが、キリスト教の優れた思想を知らず、古い教えにかたくなになっている人々が今も少なくない。

まことに残念なことである。

b－2　解釈

人々の反応について、それは「頑固」であり、「慨嘆」に堪えないという。これらの言葉には彼らの感情が率直に出ている。おそらく、これらの言葉には彼らの具体的な背景がある。

であるなら、その背景とは何なのか。それは洋学校内における正義派とのあつれきであろう。西教派と正義派の議論は連日続き、また互いに激しく勧誘活動を繰り広げていた。そのような日常生活における率直な感情を、ここでは「人々の反応」として一般化している。

（c）　使命の自覚

c－1　現代語訳

このような時に報国の志を持つ者は、まさに奮い立ち、持てる力を尽くし、キリスト教の公明正大であることを解き明かさなければならない。このことが私たちが最も力を尽くすべきことである。

c－2　解釈

使命の自覚を語る中で、彼らは「報国ノ志ヲ抱ク者」と自己規定する。西教が儒教的用語を使うことによる自己弁明を含んでいたように、この言葉にも自己弁明のニュアンスがある。「西教ノ公明正大ナルヲ解明ス」る彼らは国を見捨てるのではない、そうではなく国のために尽くそうとするのである。

使命の内容は、キリスト教をしっかりと学ぶことであり、解き明かしていくことである。

（d）　花岡山に集まった理由

d－1　現代語訳

そこで、志を同じくする者たちは花岡山に集まり、一致協力してキリスト教釈明の活動につくことを誓うのである。

d－2　解釈

彼らが集まったのは、なぜ花岡山であったのか。花岡山は西南戦争で西郷軍が大砲を据えたことでも知られている。熊本の町を一望するのに適した場所なのである。花岡山のふもとには細川家の菩提寺もあった。これらのこともあって、彼らは志を表明する場所として花岡山を選んだと考えられる。

「同志」「同心協力」といった言葉は、正義派とのあつれきから解釈できる。「此ノ道ニ従事セン」は現在だけでなく、将来の生き方を含んでいる。今後とも、キリスト教を学び広げ、それによって国に報いることを誓うのである。

（二）　条文を読む

続いて、条文を現代語で記し、解釈を加える。条文は三条からなり、第一条は「同志の結束」、第二条は「上帝への責任」、第三条は「皇国の人民との関係」である。

（a）　第一条　同志の結束

a－1　現代語訳

この道に入る者は、兄弟としての親しい交わりを持ち、どのようなことでも互いに戒めあい、悪を離れ善に移り、そのことをもって志を成し遂げるべきである。

a－2　解釈

「道」は広くはキリスト教入信を意味するが、厳密には「私たちの誓いに加わり、ともに行動すること」である。行動としては、二つのことが言われている。一つは、「兄弟ノ好ヲ結ビ」、すなわち同志となり親しい交流を持つことである。第二は、「実行ヲ奏スベシ」、すなわち内向きに交流するだけでなく、力を合わせ活動することによって志を成し遂げることである。「同志の結束」に関して、彼らの愛の対象は狭く、キリスト教的ではないとの批判がある。この批判に対して彼らの置かれていた状況と、現実的には共同体の中で確立されつつ外に向かっていく愛の性質を考慮すべきであろう。

（b）　第二条　上帝への責任

b－1　現代語訳

一度この道に入って、志を成し遂げることができない者は、天の神を欺いている。自分の心を欺いている。このような者は必ず天の神から過ちを責められるであろう。

b－2　解釈

ここで、「実行ヲ奏スル能ハザル者」と言い、「上帝ノ譴罰ヲ蒙ル」と言うのは非キリスト教的であるという批判がある。なぜ、このようなことが言われるのか。彼らの課題を実行するのはきわめて困難であり、仲間には迷う者もいた。そこで、自らを戒め、結束を固めるために、自戒の言葉として第二条は記されたと理解できる。

（c）第三条　皇国の人民との関係

c－1　現代語訳

現在、この国の民は多くがキリスト教を拒んでいる。それゆえに私たちの誰か一人がこの道にそむくならば、人々の非難を招くだけでなく、私たちの志を遂げることもできなくなるだろう。努めないでおられようか。慎まないでおられようか。

c－2　解釈

洋学校内で正義派との論争にくれているのが日常である。そのような日常から広く日本全体に目をやる。すると、「皇国ノ人民多ク西教ヲ拒ム」現実が現れてくる。「我徒一人」とは、一人ひとりの責任を強く自覚した言葉である。結びで、大きな志を目指すためには、日々励むこと、慎むことが大切だとしている。

四　「奉教趣意書」と熊本バンドの思想と行動

「趣意書」には若者たちの主体的にして実践的な決意表明という顕著な特質があった。西教派が表明した志は、その後の彼らの生き方、彼らの思想と行動にどのように反映したのか。いくつかの事例をみておきたい。

（一）ジェーンズの教育方法と武士道──海老名弾正の思想と行動──

西教派は教師ジェーンズに相談することなく、「趣意書」を著し、これを公表した。このように主体的な思考と行動は洋学校で受けた教育の影響を受けている。ジェーンズの教育は自学自習をモットーとし、人格の形成に重きをおいた。そのため結論を押し付けるのではなく、生徒が考え、彼らの思索の結論を尊重した。たとえば、キリスト教理解にしても、教義を教えるのではなく、経験と思考を通して理解したキリスト教を尊重した。このような教育方法は海老名弾正のキリスト論に大きな影響を与えている。イエスの死について、海老名は「基督の死は天国建設の為めに自ら献げ給ひたる犠牲である(8)」という。海老名によると、いわゆる贖罪論は古代中世においては意味を持ったが、現代には通用しない。イエスの死はむしろ、天国建設のための積極的な生き方である、とする。武士道に対する理解が海老名の十字架解釈に投影されている。

（二）報国の志とキリスト教――小崎弘道『政教新論』に見る国家と宗教――

「報国の志」と「キリスト教」を結びつける考え方が「趣意書」にある。儒教からキリスト教への展開を小崎弘道『政教新論』に見る。小崎は儒教とキリスト教の間にあって悩み抜いた末、一八七六年三月にキリスト教入信に至った。両者の関係は小崎自身の実存と思想に関わる問題であった。『政教新論』において、儒教と報国について小崎は言う。「儒教已に用ふ可からず、仏教も亦無力なり。何を以て我国の道徳を維持せんとするのか」。道徳力において、儒教も仏教も無力になったと小崎は見る。他方、欧米世界との交易を再開したことによって新しい文明が入っている。「我国目今欧米新文明の機械、風俗、慣習を輸入し我国を一新せんとすれ共未だ其の文明の生命精神たる基督教を輸入するに至らず」。文明だけを導入して、その根本にある宗教を入れないのは、不十分である。そこで、小崎はこれからの日本の歩むべき筋道を示す。そこでは、かつて儒教が担っていた機能をキリスト教こそが果たしえるという考えがある。「余が我国将来において深く望む所は、天皇陛下を始めとし上にありては政権を握る凡ての有司百官の基督教を信じ、之にて一身の救を全とうするは勿論其教の精神を以て其政を行わせん事なり(9)」。

（三）キリスト教と教育――山崎為徳と同志社――

熊本バンドは多くの教育者を輩出した。しかも、その多くはキリスト教系学校に勤めている。そこには熊本洋学校で受けた教育に自らも従事しようとする姿勢が見える。そこで、山崎為徳を取り上げる。山崎は一八七五年七月に熊本洋学校を卒業すると、東京開成学校に入学した。ところが洋学校の仲間の多くが同志社に入学したことを契機に、一八七七年八月に開成学校を中途退学し、同年九月に同志社英学校に転学した。彼が、開成学校を退学した理由として学生の勉学態度と生活態度が挙げられている。しかし、それらの根底に教育理念あるいは精神としてキリスト教がない事実からくる違和感が考えられる。山崎は同志社英学校を卒業（一八七九年六月）すると、同志社の教員となり、その教育事業に従事した。山崎にとって同志社の教育現場は、洋学校で学んだ教育を実践する場ではなかったか。

（四）キリスト教系学校の現実的対応

――横井時雄と同志社綱領問題及び蔵原惟郭と熊本英学校事件――

横井時雄は一八九七年に同志社社長に就任すると、徴兵令猶予の特典を得る検討を進めた。その結果、社員会は同志社の綱領を一部修正し、一八九八年三月に念願の特典を得た。しかし、綱領の修正を巡って同志社の内外から激しい批判が起こり、横井は翌年社長を辞任する。

蔵原惟郭の熊本英学校校長就任式において、教員奥村禎次郎の祝辞のなかに不適当な発言があるとして地元新聞などから批判が出た。これらの批判に対して蔵原は当初、奥村を擁護している。しかし、熊本県知事が奥村解雇を命じ、県知事にはその権利があると当局に判断された時点で、蔵原は知事の命令を受け入れる。蔵原の立場変更を柏木義円たちは厳しく批判し、反対した。

横井の同志社綱領修正及び蔵原の当局見解に対する判断には、当局とキリスト教教育に対する柔軟で現実的な態度が共通している。そこに「趣意書」に見られる国家尊重の姿勢を認めることができよう。

おわりに――熊本バンドに見るキリスト教の受容と変容――

「趣意書」は、儒教的用語や思想を用いてキリスト教の受容を表明していた。この事実は、熊本バンドの青年たちが日本の伝統的価値観や思想を用いてキリスト教を考え、その受容を表明した事実を語っている。

指摘されてきたとおり、「趣意書」に成熟したキリスト教思想を見ることはできない。そこに表明されているのは、キリスト教を以って報国の使命を達成しようとした青年たちの志である。若き日のキリスト教による志が「趣意書」に述べられており、それはその後の彼らの思想と生き方に意外に深く関わり続けた。

熊本バンドを近代日本のキリスト教受容の中でどのように評価するのか。彼らはしばしば「国家的キリスト教」と批判的に語られてきた。このような批判はしかし、内容的に間違っていなくても、その視座が狭く、研究上の限界が明らかである。日本の伝統的宗教や思想、価値観を考慮しないで、欧米に成立していたキリスト教を唯一の基準としたのでは、近代日本社会に成立したキリスト教をその文脈においては理解できないからである。

近代日本におけるキリスト教受容という観点からするならばむしろ、欧米に成立したキリスト教に触発され、その受容において何が生じたのかが問われねばならない。日本の伝統的価値観や思想、あるいは地域文化にどのような変化が生じたのかが実証的に検討されなければならない。そうだとすると、伝統的思想を受け皿とした熊本バンドは近代日本のキリスト教受容における興味深い研究対象となる。

注

(1)「当初の条例」については、以下を参照した。
『植村正久と其の時代』第一巻、四五二－五五頁。
(2)「趣意書」については、以下を参照した。
『植村正久と其の時代』第一巻、五四一頁。
(3)「契約」については、以下を参照した。
『植村正久と其の時代』第一巻、五四一－四三頁、五五〇－五二頁。
(4)「表1」作成の参考にした文献は、次の通りである。
篠田一人「日本近代思想史における熊本バンドの意義」(同志社大学人文科学研究所編『熊本バンド研究』一－三一頁)。

「熊本バンド成員生没年月日」(同志社大学人文科学研究所編『熊本バンド研究』五二八－二九頁)。

三井久著、竹中正夫編『近代日本の青年群像』一五二－五八頁。

熊本バンド展スタッフ編『熊本バンド』四〇－四四頁。
(5)横井小楠と熊本バンドの思想的連関について、今中寛司氏の研究がある。
今中寛司「肥後実学党の思想」(同志社大学人文科学研究所編『熊本バンド研究』三三－六五頁)。
(6)花岡山の出来事については、以下を参照した。
三井久著、竹中正夫編、前掲書、一四五－五〇頁。

辻橋三郎「『奉教趣意書』の成立とその後」（同志社大学人文科学研究所編『熊本バンド研究』一六五－二三三頁）。

F・G・ノートヘルファー著、飛鳥井雅道訳『アメリカのサムライ』二六八－六九頁。

（7）三井久著、竹中正夫編、前掲書、一六三－六九頁、参照。

（8）海老名弾正『基督教新論』二九五－九六頁。

（9）小崎弘道『政教新論』（『小崎弘道全集　第三巻』二九五－三九九頁）。

あとがき

本書は、「神《ゴッド》と近代日本」と題された西南学院大学学術研究所主催の公開講座に端を発する。この公開講座は二〇〇二年五月から七回に亘って行われた。担当者はいずれも西南学院大学文学部国際文化学科の教員で、五月三十一日 宮平、六月七日 岩尾、六月十四日 斎藤、六月二十一日 森、六月二十八日 塩野、七月五日 後藤、がそれぞれ担当し、司会進行は今井が務めた。また最終日の七月十二日は担当者全員でシンポジウムを行った。この公開講座を企画するにあたってメンバーが考えたことは、第一に西南学院ならではのテーマにしたいということ、第二に国際文化学科のバラエティーに富むスタッフを動員して、現代の日本の根本問題でありながら一般の認識を得られていない部分に光を当てるようなものでありたい、ということであった。そのような考え方の中から出てきたのが「神《ゴッド》と近代日本」という題である。毎回熱心な聴衆に支えられて、講師も遣り甲斐のある講座であった。特に最終日のシンポジウムでは活発な質疑応答がなされ、質問者とパネリストの交通整理を行うのに、司会者として苦労をしたことを思い出す。

翌二〇〇三年、この企画を総合科目として西南学院の大学生にも提供しようということになった。新たに国際文化学科のスタッフの中から井口、堤、赤尾の三名をメンバーに加え、今井も講義を担当することになって、既に開講されていたユートピアに関する「総合科目Ⅰ」に続くものとなった。公開講座のときは各講師が毎回資料を準備するということで対応していたが、オムニバス形式の講義をしてみると、学生の勉学のことも考慮して、やはりテキストを作ることが望ましく、また折角の研究成果であるからこれを一般に公開することも意義があろうとの判断から、今回、本書の上梓に至った次第である。大学の職務の関係から、メンバーが入れ替わるということもあり、最初の公開講座のメンバー全員の研究を載せることはできなかった反面、新たに加わったメンバーの作品を入れることが出来たのは幸いであった。本書は先に出版され現在、「総合科目Ⅰ」のテキストとして使用されている『異世界・ユートピア・物語』のシリーズ第二弾ということになる。学問の世界においては専門分化が極度に進む中で、二十一世紀は人間や文化を総合的に捉える視点が不可欠となることは明白である。続く第三弾以降の研究においても、専門分野を超えたスタッフの共同研究の中から、更に総合の理念を具体化する試みがなされるであろうことを期待している。

最後になりましたが、本書の企画にはじめからお付き合い下さり、遅々として進まない編集作業を根気よく見守ってくださった九州大学出版会編集長の藤木雅幸さんに感謝の意を表します。

なお、本書は二〇〇四年度西南学院大学学術研究所出版奨励基金による助成によって刊行されるものである。

今井　尚生

執筆者紹介（執筆順）

岩尾龍太郎（いわお・りゅうたろう）

西南学院大学文学部国際文化学科教授（思想史）

『ロビンソンの砦』青土社、一九九四年

『ロビンソン変形譚小史』みすず書房、二〇〇〇年

森　泰男（もり・やすお）

同教授（西洋中世哲学・ケルト文化論）

「エウトピアからユートピアへ」（井口正俊・岩尾龍太郎編『異世界・ユートピア・物語』九州大学出版会、二〇〇一年、所収）

「アウグスティヌス『創世記逐語注解』における霊的被造物の「向き直り」について―アウグスティヌスの「コンウェルシオ」とプロティノスの「エピストロペー」の比較研究のために―」（教父研究会編『パトリスティカ―教父研究―』第八号、新世社、二〇〇四年、所収）

赤尾美秀（あかお・よしひで）

同助教授（ドイツ文学）

「アポロンの超越―オットー／ケレーニイ／トーマス・マン―」（『西南学院大学国際文化論集』九巻一号、一九九四年）

『ドイツ文学研究叢書9　論集トーマス・マン　その文学の再検討のために』（共著）クヴェレ会、一九九〇年

今井尚生（いまい・なおき）

同助教授（宗教学、物理学）

「科学と宗教的次元」（富坂キリスト教センター編『科学技術とキリスト教』新教出版社、一九九九年、所収）

「科学革命から進化論へ」（共著『科学時代を生きる宗教』北樹出版、二〇〇四年、所収）

宮平　望（みやひら・のぞむ）

同教授（キリスト教思想、アメリカ思想）

『現代アメリカ神学思想　平和・人権・環境の理念』新教出版社、二〇〇四年

『ゴスペルエッセンス　君に贈る五つの話』新教出版社、二〇〇四年

堤　啓次郎（つつみ・けいじろう）

同教授（日本近代史）

「士族反乱後の自由民権結社」（『西南学院大学国際文化論集』一四巻二号、二〇〇〇年）

「士族反乱後における県治体制の再編（一）〜（三）」（『西南学院大学国際文化論集』一五巻二号〜一八巻二号、二〇〇一年〜二〇〇四年）

井口正俊（いぐち・まさとし）
同教授（西洋近・現代思想）
『異世界・ユートピア・物語』（岩尾龍太郎と共編）九州大学出版会、二〇〇一年
「ニーチェはルビコン河を渡ったか―ブルクハルトに宛てた最後の手紙を読む―」（『現代思想―総特集ニーチェの思想』二六巻一四号、一九九八年）

塩野和夫（しおの・かずお）
同教授（日米キリスト教史、宗教学）
『日本組合基督教会史研究序説』新教出版社、一九九五年
『日本キリスト教史を読む』新教出版社、一九九七年

神《ゴッド》と近代日本
── キリスト教の受容と変容 ──

2005年3月10日 初版発行

編　者　塩　野　和　夫
　　　　今　井　尚　生

発行者　福　留　久　大

発行所　(財)九州大学出版会
〒812-0053 福岡市東区箱崎7-1-146
九州大学構内
電話 092-641-0515(直　通)
振替 01710-6-3677

印刷／(有)レーザーメイト・九州電算(株)　製本／篠原製本(株)

ISBN4-87378-861-7